MATHIAS VON GERSDORFF

GENDER

MATHIAS VON GERSDORFF

GENDER

Was steckt dahinter?

media
maria

Bibliografische Information: Deutsche Nationalbibliothek.
Die Deutsche Nationalbibliothek verzeichnet diese Publikation in
der Deutschen Nationalbibliografie; detaillierte bibliografische
Daten sind im Internet über http://dnb. ddb. de abrufbar.

GENDER
Was steckt dahinter?
Mathias von Gersdorff

© Media Maria Verlag, Illertissen 2015
Alle Rechte vorbehalten
ISBN 978-3-9454011-4-9

www. media-maria. de

Die Gender-Ideologie ist der Versuch, die Realität der Natur als Ergebnis der schöpferischen Handlung Gottes zu ignorieren. Sich anzumaßen, dass es jedem Mensch zusteht, seine eigene sexuelle Orientierung zu wählen, ohne Rücksicht auf seine Anatomie und was diese mit sich bringt, ist die Definition eines falschen Begriffes von Freiheit, der die Realität der Natur und die jedem Wesen innewohnende Wahrheit beiseitelässt. Eine Freiheit, die die Wahrheit nicht respektiert, verwandelt sich in Zügellosigkeit und führt zur Unvernunft. Diese Sorgen bilden die Grundlage des Buches »Gender: Was steckt dahinter« des Autors Mathias von Gersdorff.

Jorge Arturo Kardinal Medina Estévez

Inhalt

Vorwort 9

Einleitung 19

Was ist »Gender«? 23

Die Wurzeln von »Gender« 28

Die »emanzipatorische Sexualerziehung« 38

Wie ist die »Gender-Ideologie« entstanden? 44

Kulturelle Rahmenbedingungen
für das Entstehen der »Gender-Ideologie« 62

Die Bildung einer LSBTI-
Graswurzelbewegung und -Lobby 75

»Gender« in der Pädagogik 79

Die Implementierung von »Gender«
in den Schulen 86

Katholische Reaktionen
auf die »Gender-Ideologie« 98

Nachwort 103

Anmerkungen 109

Literatur 123

Vorwort

In der aktuellen Debatte um die anthropologischen Gefahren der *Gender-Ideologie* stellt die interessante Untersuchung von Mathias von Gersdorff ein wertvolles Instrument dar, um nicht nur die Ursprünge und das tatsächliche Wesen dieser Ideologie zu erkennen, sondern auch um die potenziell verheerenden Wirkungen, die diese auf dem Feld der Erziehung hervorrufen kann, aufzuzeigen.

Heute verlangt man, dass den jungen Leuten beigebracht wird, dass alles »Meinung, Ansicht und Instinktivität« sei, und zwar bis hin zu dem Punkt, dass jeder das Recht habe, sogar seine eigene Natur infrage zu stellen, die nunmehr lediglich auf Geist und Willen reduziert wird – in einer widersprüchlichen Logik, für die »die Manipulation der Natur, die wir heute für unsere Umwelt beklagen, zum Grundentscheid des Menschen im Umgang mit sich selber« wird, wie Benedikt XVI. in seiner Ansprache an die Römische Kurie am 12. Dezember 2012 auf meisterhafte Weise ins Gedächtnis gerufen hat.

Diese anthropologische Sicht, bei der der Mensch lediglich abstrakt aufgefasst wird als ein Wesen, das fähig ist, sich so etwas wie seine Natur selbst zu wählen, ist wirklich gefährlich. Diese Sicht ist gefährlich, weil durch sie – noch einmal mit den Worten Papst Benedikts – der Mensch »notwendig aus einem eigenen Rechtssubjekt zu einem Objekt wird, auf das man ein Recht hat und das man sich als sein Recht beschaffen kann«. Wenn aus der Handlungsfreiheit eine Freiheit wird, sich aus sich selbst zu erschaffen, dann ist das unvermeidliche Ergebnis, dass man nicht nur den Schöpfer verleugnet, sondern auch das Geschöpf. Aber so verleugnet der Mensch sich selbst.

Es ist Konnivenz, wenn nicht sogar Komplizität, wenn über diesen Irrsinn namens *Gender* fast vollständig geschwiegen wird, mit seinem wahnwitzigen Anspruch, aus der sexuellen Differenz jeden Verweis auf die Natur zu eliminieren, um die Sexualität auf die bloße Triebhaftigkeit zu reduzieren, und zwar auch durch die Durchführung von Erziehungsprojekten, die im Sinne dieser Perspektive ausgerichtet sind. Es ist ein wahrer Kurzschluss der menschlichen Vernunft. Es ist nämlich kein Zufall, dass Papst Franziskus bei seinem Pastoralbesuch in Neapel am 21. März 2015 bei seiner Zusammenkunft mit Jugendlichen auf dem Lungomare Caracciolo auf die *Gender-Ideologie* zu sprechen gekommen ist, die er wörtlich bezeichnete als »einen Irrweg des menschlichen Geistes, der Verwirrung schafft«.

Um besser zu verstehen, was gegenwärtig in vielen Kindergärten und Schulen unseres Kontinents geschieht, genügt es, das umfangreiche Dokument zu

10

lesen, das den Titel trägt: »Standards für die Sexualaufklärung in Europa. Rahmenkonzept für politische Entscheidungsträger, Bildungseinrichtungen, Ge-
sundheitsbehörden, Expertinnen und Experten.« Um
genau zu sein, ist das Dokument erstellt worden vom
Regionalbüro für Europa der WHO und von der Bundeszentrale für gesundheitliche Aufklärung (BzgA).
Dieses Dokument der WHO wurde im Jahre 2010 in
Köln ausgeheckt und sieht eine Indoktrination nach
Altersgruppen vor, und zwar durch eine informieren-
de und erziehende Tätigkeit zu Themen, deren Lek-
türe als durchaus aufschlussreich erscheint.

Ein solches Dokument muss man unbezweifelbar
ohne die Möglichkeit der Berufung zurückweisen,
und zwar im Wesentlichen aus vier Gründen.

Erstens stellt es den Ausdruck einer Kultur dar, die
die menschliche Sexualität so auffasst, dass sie sie
ausschließlich mit dem Körper, der bloßen genitalen
Erfahrung und dem egoistischen Vergnügen in Verbindung bringt, einer Kultur, die zum Verlust der inneren Ruhe führt – bereits in den Jahren der Unschuld – und den Weg öffnet zu verschiedenen Formen der Verkommenheit.

Zweitens führt sie in die Erziehung der jungen
Menschen die fatale und verderbliche pansexualisti-
sche Ideologie ein, die eben durch verabscheuungs-
würdige Formen der Propaganda und der Indoktrination schon ab dem zarten Alter danach strebt, die anthropologische Auffassung des Menschen, wie sie in

11

unserer Kultur seit Tausenden von Jahren bekannt ist, zu verändern.

Drittens entzieht es der Familie – dem privilegierten und natürlichen Bereich der Erziehung – die Aufgabe der Formung im Bereich der Sexualität – in Verkennung der Tatsache, dass gerade die Familie die geeignetste Umgebung darstellt, um die Verpflichtung zu erfüllen, eine stufenweise Erziehung im sexuellen Leben zu gewährleisten, und zwar in einer umsichtigen und harmonischen Weise ohne besondere Traumata.

Viertens verstößt sie in offensichtlicher Weise gegen zwei Rechte, die durch die Allgemeine Erklärung der Menschenrechte anerkannt, garantiert und geschützt sind: Es handelt sich dabei insbesondere um den Artikel 18, der die Freiheit garantiert, allein oder in Gemeinschaft mit anderen, öffentlich oder privat die eigenen religiösen Werte in der Erziehung kundzutun, und um den Artikel 26 in dem Passus, der den Eltern das vorrangige Recht zuspricht, die Art der Bildung zu wählen, die ihren Kindern zuteilwerden soll. Im Übrigen scheint es durchaus bedeutsam zu sein, dass dieses letztere Prinzip erst 1948 ausdrücklich proklamiert worden ist, also in den Jahr, in dem die Allgemeine Erklärung der Menschenrechte beschlossen wurde. Vorher war es nämlich ein unumstrittenes und als selbstverständlich geltendes Prinzip gewesen, das in keinem nationalen oder internationalen juristischen Dokument Berücksichtigung gefunden hatte.

12

Der Punkt ist, dass nach dem Zweiten Weltkrieg die Erfahrung auf tragische Weise gezeigt hatte, wie verheerend, zerstörerisch und fatal die Indoktrination der Jugend durch das System der staatlichen Erziehung im Dritten Reich gewesen war. Man verstand, wie das öffentliche Erziehungswesen in der Hand der Machthaber zu einer tödlichen Waffe werden konnte. Und es war im Übrigen kein Zufall, dass die beiden Kompetenzen für das öffentliche Erziehungswesen und die Propaganda im nationalsozialistischen Deutschland in einem einzigen Ministerium zusammengefasst waren, dem Reichsministerium für Volksaufklärung und Propaganda. Und es ist kein Zufall, dass vom 13. März 1933 bis zum Ende des Dritten Reiches der für das öffentliche Unterrichtswesen in Deutschland zuständige Minister ein gewisser Joseph Goebbels war.

Um in die Gegenwart zurückzukehren, muss klargemacht werden, dass der Teil der *Standards für die Sexualaufklärung in Europa*, der verheerend zu werden droht, eben der ist, der sich auf die sogenannte »Geschlechtsidentität« *(Gender-Identität)* bezieht, also auf die Theorie, nach der den Kindern das Recht der Entscheidung über ihr eigenes Geschlecht gegeben werden müsse. Sie sollen also darüber entscheiden können, ob sie Mann oder Frau werden wollen.

In manchen Kindergärten wird, was *Gender* betrifft, das Modell des skandinavischen Kindergartens *(barnehage)* immer mehr *trendy*, bei dem die Jungen wie

13

Mädchen angezogen werden und umgekehrt oder wo die Jungen mit Puppen spielen und die Mädchen mit Spielzeugeisenbahnen. Was dabei erstarren lässt, ist, dass man feststellen muss, wie die politische Macht versucht, die am meisten manipulierbare Altersgruppe der Bevölkerung – die kleinen Kinder von null bis sechs Jahren – zu manipulieren, um eine neue kranke Anthropologie zu schaffen. Und was dabei unglaublich erscheint, ist, wie dieser Versuch, die Kleinen zu indoktrinieren, von einer allgemeinen Gleichgültigkeit und Unkenntnis begleitet wird. Und noch schlimmer: Wenn jemand es wagt, sich zu widersetzen oder Zweifel anzumelden, wird er mit dem üblichen Arsenal an Beleidigungen überschüttet: »bigott«, »rückwärtsgewandt«, »zurückgeblieben«, »mittelalterlich« und schließlich mit der unausbleiblichen Beschimpfung »homophob«, die sich stets für alle Gelegenheiten eignet so wie der Ausdruck »Faschist« in den 70er-Jahren des vergangenen Jahrhunderts.

Und um dann konkret zu verstehen, worin dieser bejubelte »wissenschaftliche Fortschritt« besteht, dem sich die »Homophoben« entgegenstellen wollen, die gegen die *Gender-Indoktrination* sind, genügt es, sich anzusehen, was sich im Vereinigten Königreich abspielt.

 Der *National Health Service* hat offiziell den Verkauf eines Medikaments namens *Gonapeptyl* genehmigt, das dazu dient, die Pubertät der Kinder zu verzögern und ihnen mehr Zeit zu geben, ob sie Männer oder

14

Frauen werden wollen. Es handelt sich um eines der Medikamente, die als Hypothalamus-Blocker bekannt sind und die Entwicklung der Geschlechtsorgane stoppen, sodass der Aufwand bei einem zukünftigen chirurgischen Eingriff zur Geschlechtsumwandlung beim Erreichen der Adoleszenz auf ein Minimum reduziert wird. Das wahnwitzige Programm sieht monatliche Injektionen in den Magen vor mit dem Ziel, die Produktion von Testosteron und Östrogenen zu unterdrücken: eine Neutralisierung der natürlichen Produktion von männlichen und weiblichen Hormonen, die bei den Jungen einen Stopp des Bartwuchses und des Stimmbruchs mit sich bringt und bei den Mädchen den Menstruationszyklus und die Entwicklung der Brüste zum Erliegen bringt. Das ist der »wissenschaftliche Fortschritt«, dem sich die »Homophoben« des katholischen Obskurantismus entgegenzustellen wagen.

Im Hinblick auf dergleichen apokalyptische Szenarien ist das härteste und unerbittlichste Urteil vom römischen Pontifex, Papst Franziskus, abgegeben worden, der ja von einem großen Teil der politisch korrekten Intelligenzija so sehr geliebt wird. Dies sind seine Worte bei seiner Ansprache an die Delegation des Internationalen Katholischen Kinderbüros (BICE) am 11. April 2014: »Man muss das Recht der Eltern auf die Erziehung ihrer Kinder unterstützen und jegliche Art von erzieherischen Experimenten an Kindern und Jugendlichen ablehnen, die dabei als

Versuchskaninchen benutzt werden, und zwar in Schulen, die immer mehr Umerziehungslagern ähneln und an die Schrecken der Manipulation durch Erziehung erinnern, die wir in den großen völkermörderischen Diktaturen des 20. Jahrhunderts erlebt haben, die heute durch die Diktatur des ›Einheitsdenkens‹ ersetzt worden sind.«

Wenn es wahr ist, dass man auch heute noch, was der Pontifex als »Diktatur des Einheitsdenkens« bezeichnet, zu verhindern versucht, dass man erfährt, was in den gegenwärtigen »Umerziehungslagern« geschieht (so wie es in den KZs, im Gulag und den Laogai geschah), dann ist es ebenso wahr, dass eine Kirche, die dem Auftrag treu ist, den sie von Christus erhalten hat, und die auf die Mahnungen seines Stellvertreters hört, sich nicht einschüchtern lassen darf.

Auf der Rückreise von den Philippinen am 19. Januar 2015 ist Papst Franziskus in einer Antwort auf eine Frage des ARD-Journalisten Jan-Christoph Kitzler noch einmal auf die *Gender-Theorie* zu sprechen gekommen, die er als eine »ideologische Kolonialisierung« bezeichnet hat, die identisch sei mit derjenigen, die durch die Indoktrination der »Hitlerjugend« während der dunklen Jahre des nationalsozialistischen Regimes im Dritten Reich praktiziert worden sei.*

Angesichts solcher schwerwiegender Vorwürfe, die von einer so hohen und mit einer so großen Autorität ausgestatteten Kathedra aus erhoben werden, wie es die des römischen Pontifex ist, bietet das Werk von Mathias von Gersdorff die Gelegenheit, vollkommen zu verstehen, wie begründet, wie stichhaltig und wie ernst die Worte des Heiligen Vaters sind, die er verwendet hat, um gegenüber der ganzen Welt eine Mahnung auszusprechen, die jedoch leider dazu bestimmt scheint, ungehört zu bleiben.

Gianfranco Amato

* »Die ideologische Kolonisierung: Ich bringe nur ein Beispiel, das ich selbst erlebt habe. Vor zwanzig Jahren, 1995, hatte eine Bildungsministerin ein großes Darlehen erbeten, um Schulen für die Armen zu bauen. Das Darlehen wurde bewilligt unter der Bedingung, dass es in den Schulen für die Kinder einer gewissen Altersstufe ein bestimmtes Buch geben müsse. Es war ein Schulbuch, ein unter didaktischem Aspekt gut vorbereitetes Buch, in dem die *Gender-Theorie* gelehrt wurde. Diese Frau brauchte das Geld des Darlehens, doch die Bedingung war diese Weitergabe. Schlau, wie sie war, sagte sie zu und ließ zugleich ein weiteres Buch erstellen, um sie dann beide weiterzugeben. Und so ist es ihr gelungen … Das ist die ideologische Kolonialisierung: Sie dringen in ein Volk ein mit einer Idee, die mit diesem Volk nichts zu tun hat – wohl mit Gruppen aus dem Volk, nicht aber mit dem Volk selbst – und kolonialisieren das Volk mit einer Idee, welche eine Mentalität oder eine Struktur verändert oder verändern will. Während der Synode haben die afrikanischen Bischöfe über dasselbe Phänomen geklagt, dass für bestimmte Darlehen bestimmte Bedingungen auferlegt werden. Ich erwähne nur diesen Fall, den ich selbst erlebt habe. Warum spreche ich von ›ideologischer Kolonialisierung‹? Weil sie gerade die Not eines Volkes als

17

Gelegenheit ergreifen, durch die Kinder einzudringen und sich zu stärken. Aber das ist nichts Neues. Dasselbe haben die Diktaturen des vergangenen Jahrhunderts getan. Sie sind mit ihrer Lehre eingedrungen. Denken Sie an die ›Balilla‹ [1926 gegründete Jugendorganisation der faschistischen Partei Italiens, Anm. d. Übers.], denken Sie an die Hitlerjugend … Sie haben das Volk kolonialisiert, wollten es zumindest tun. Doch wie viel Leiden! Die Völker dürfen ihre Freiheit nicht verlieren. Das Volk hat seine Kultur, seine Geschichte; jedes Volk hat seine Kultur. Wenn aber die kolonialisierenden Mächte Bedingungen auferlegen, dann ist das ein Versuch, die Völker ihre Identität verlieren zu lassen und Uniformität zu schaffen. Das ist die Globalisierung des Kreises: Alle Punkte sind gleich weit vom Zentrum entfernt. Und die wahre Globalisierung – das sage ich gern – ist nicht die Kugel. Es ist wichtig zu globalisieren, aber nicht in der Art der Kugel, sondern in der Art des Polyeders. Das bedeutet, dass jedes Volk, jeder Teil, seine Identität, sein Wesen bewahrt, ohne ideologisch kolonialisiert zu werden. Das sind die ›ideologischen Kolonialisierungen‹. Es gibt ein Buch – entschuldigen Sie, wenn ich etwas Reklame mache – ein Buch, dessen Stil zu Beginn vielleicht etwas schwerfällig ist, weil es 1907 in London geschrieben wurde … Damals hat der Autor das Drama der ideologischen Kolonialisierung erkannt und es in diesem Buch beschrieben. Der Titel ist *Lord of the World* ›Der Herr der Welt‹ und der Autor [Robert Hugh] Benson; ich empfehle Ihnen, es zu lesen. Dann werden Sie gut verstehen, was ich mit ›ideologischer Kolonialisierung‹ sagen will.«

Einleitung

Durch die Proteste gegen den baden-württembergi-schen »Bildungsplan 2015«, der fachübergreifend die Einführung des Leitprinzips »Akzeptanz sexueller Vielfalt« vorsah, kamen Begriffe wie *Gender, Gender-Mainstreaming* und eben »sexuelle Vielfalt« in die Schlagzeilen und wurden somit einem größeren Publikum bekannt. Neu waren diese Begriffe nicht, doch die Mehrheit konnte nicht viel damit anfangen. Immer noch wissen viele nicht, was damit wirklich gemeint ist. Andere können nicht begreifen, wie eine Ideologie wie *Gender* überhaupt entstehen konnte.

Die Grundannahme dieser Theorie ist, dass praktisch alle Unterschiede zwischen den Geschlechtern anerzogen sind. Die Unterschiede zwischen Frauen und Männern seien im Wesentlichen Folge von sozialen und kulturellen Umständen. Oder anders ausgedrückt: Diese Unterschiede seien von denjenigen gemacht, die die Macht besitzen, die sozialen Strukturen und die Kultur zu bestimmen.

Doch es bleibt nicht nur bei der Unterschiedslosigkeit zwischen Mann und Frau, sondern die Unterschiede zwischen allen sogenannten »sexuellen Orientierungen« sollen nivelliert werden. Wie viele

»sexuelle Orientierungen« es geben soll, weiß keiner so genau. Im sozialen Netzwerk »Facebook« kann man für das eigene Profil aus sechzig Optionen wählen.[1]

Solche Nachrichten verwirrten viele Menschen. Andere nahmen sie nicht ernst. Doch als der großen Öffentlichkeit in den letzten zwei Jahren bekannt wurde, in welchem Maße *Gender* in die Schulpläne Eingang finden soll, empfanden viele, dass eine Grenze überschritten worden war. Durch das Bekanntwerden der geplanten Bildungspläne für das Schulsystem in Baden-Württemberg, Niedersachsen, Schleswig-Holstein und anderen Bundesländern ist klar geworden, dass es hier nicht nur um eine intellektuelle Übung mancher Akademiker und linker Politiker geht, denn die *Gender-Ideologie* und die »Akzeptanz sexueller Vielfalt« sollen schon ab dem ersten Grundschuljahr Eingang in die Schulen finden. Instinktiv haben viele Eltern gespürt, dass hier der Versuch einer Indoktrination stattfindet: Kinder sollen nicht nur schon sehr früh mit sexuellen Inhalten, sondern auch mit einer bizarren und obskuren Ideologie konfrontiert werden. Eltern in ganz Deutschland gehen deshalb seit zwei Jahren auf die Straße, um zu demonstrieren, oder sie beteiligen sich an Protesten per Post oder im Internet.

Diese Schrift analysiert von einem kritischen Standpunkt aus die *Gender-Ideologie* und möchte erläutern, was sie aus Sicht der Kinder, aus Sicht der Eltern, aus Sicht der Gesellschaft bedeutet und was die Interessenlage des Staates und der beteiligten Interessen- bzw. Lobbygruppen ist. Diese Schrift will in die Materie einführen, und zwar unter Einbeziehung der allerwichtigsten Aspekte und Teilgebiete des Themas.

Was ist »Gender«?

Gender ist ein englisches Wort, das seine gegenwärtige Bedeutung vom Psychologen John Money – gewissermaßen dem Vorreiter des *Genderismus*[2] – im Jahr 1955 erhielt.[3] Das Wort bezeichnet das »soziale« und das »kulturelle« Geschlecht. Im Deutschen gibt es nur das Wort »Geschlecht«. Unterhält man sich also in Deutschland über die unterschiedliche Art, wie Männer und Frauen sich kleiden, so meint man, wie unterschiedlich sich die beiden Geschlechter kleiden. Unterhält man sich im Deutschen über die unterschiedlichen biologischen Merkmale von Männern und Frauen, dann spricht man über die unterschiedlichen Merkmale beider Geschlechter.

Im Englischen gibt es zwei Wörter: *Gender* meint das soziale und das kulturelle Geschlecht. *Sex* meint das Geschlecht in seiner biologischen Daseinsform.

Vor John Money existierte im Englischen natürlich schon das Wort *Gender* und hatte in etwa die Bedeutung des aus dem Französischen stammenden Wortes *Genre*. Das Wort *Gender* diente aber auch dazu, um »Männlichkeit« und »Weiblichkeit« zu bezeichnen, also die Ausdrucksformen der beiden Geschlechter. Auch um die grammatikalische Unterscheidung eines

23

Wortes auszudrücken, wird das Wort *Gender* verwendet.

Im politischen Leben wurde das Wort *Gender* auf der Weltbevölkerungskonferenz in Kairo 1994 und auf der Weltfrauenkonferenz in Peking 1995 eingeführt samt der Forderung, *Gender* solle als Leitprinzip in die Entscheidungen aller Regierungen Eingang finden. In der öffentlichen Diskussion meint man mit *Gender* auch die *Gender-Ideologie* oder die *Gender-Theorie*, je nachdem, wie kritisch man dem Ganzen gegenübersteht. Bei der **Gender-Ideologie** bzw. *-Theorie* geht man von der Prämisse aus, dass diese Unterscheidung der Ursprung der Unterdrückung und Ausbeutung der Frau sei. Infolgedessen müssen die Unterscheidungen so weit wie möglich aufgelöst werden.

Mit **Gender-Mainstreaming** bezeichnet man die politischen und gesellschaftlichen Maßnahmen, um in der Mitte der Bevölkerung – dem *Mainstream* (»der Hauptströmung«) – ein Bewusstsein für diesen Sachverhalt überhaupt zu schaffen und anschließend diese angebliche Unterdrückung zu überwinden.

Durch das Aufkommen der Homosexuellenbewegung und später der Bisexuellen-, der Transsexuellen-, der Intersexuellen-Bewegung wurde die *Gender-Ideologie* nicht mehr nur auf die Unterdrückung der Frauen bezogen, sondern auch auf diese weiteren »Formen« von *Gender*. Sie werden in der Regel **sexuelle Identitäten** oder **sexuelle Orientierungen** genannt. In der politischen Auseinandersetzung werden diese

Bewegungen LSBTIQ-Gruppen genannt (LSBTIQ steht für »lesbische, schwule, bisexuelle, Transgender-, transsexuelle, intersexuelle und sonstige nicht heterosexuelle Menschen).

Das Hochschulfach, das diese Sachverhalte vermittelt, heißt *Gender Studies*, also »Gender-Studien«, doch meist werden die englischen Vokabeln verwendet.

Nach dieser kurzen Erklärung der Begriffe könnte der Eindruck entstehen, dass nun alles klar ist. Das ist aber nicht der Fall. Die *Gender-Ideologie* ist konfus und widersprüchlich. Das soll hier erwähnt werden, weil wir es nicht mit einer Ideologie zu tun haben, die großen Wert auf Klarheit legt, wie wir im Laufe dieser Schrift sehen werden.

Vor allem die Anwendung von *Gender* ist im deutschsprachigen Raum aus mehreren Gründen verwirrend. Judith Butler, so etwas wie die Ikone der *Gender-Ideologie*, schreibt dazu: »Mir wurde (…) klar, dass das ›Biologische‹ im Deutschen und in den deutschsprachigen Kulturen eine Anzahl Wertigkeiten getragen hat, die ich nicht vollends erfasst hatte. Tatsächlich lässt schon die Schwierigkeit, eine angemessene Übersetzung für ›Gender‹ zu finden, deutlich werden, dass die Trennung von ›sex‹ und ›gender‹ nicht leicht ist.«[4]

Der Leser ahnt es schon: Für die *Gender-Ideologen* ist die Sprache einer der wichtigsten Bereiche, der deformiert werden muss.[5] Diese Tatsache unterstreicht Gabriele Kuby: »Weil das Wort Wirklichkeit schafft, gehen gesellschaftliche Veränderungen immer mit Veränderungen der Sprache einher. (…) Es gibt auch ein neues Wort, das dazu dient, die Sexualität aus der Polarität von Mann und Frau herauszulösen und sie der freien Verfügbarkeit des Individuums anheimzustellen: ›gender‹.«[6]

Ohne eine drastische Reform der Sprache werden die MenschInnen nicht aufhören, zwischen Mann und Frau (und zwischen heterosexuell und homosexuell usw.) zu unterscheiden. Doch in dieser Unterscheidung liegt für die *Gender-Ideologen* die Wurzel allen Übels. Das klingt zwar übertrieben, ist es aber nicht. Stefan Timmermanns, Mitautor des Buches »Sexualpädagogik der Vielfalt: Praxismethoden zu Identitäten, Beziehungen, Körper und Prävention für Schule und Jugendarbeit«, von welchem noch mehrmals die Rede sein wird, schreibt: »Ein solcher Perspektivenwechsel muss zusätzlich mit einer Relativierung der Kategorien sexueller Orientierung sowie der Kategorien der Geschlechter einhergehen. Denn die scheinbare Eindeutigkeit konstruierter Systeme, die die Menschen entweder in ›Männer‹ oder ›Frauen‹ bzw. ›Hetero-‹ oder ›Homosexuelle‹ einteilen, ist die Grundlage eines binären, biologistischen, essentialistischen, fundamentalistischen und totalitären Denkens, das die Welt nur in Polaritäten wahrnehmen will und kann. … In letzter Konsequenz läuft diese Perspektive auf eine moralische Unterscheidung in ›Gut‹ und ›Böse‹ hinaus«.[7]

In dieser Schrift wird später noch erläutert werden, wie *Gender* in die pädagogischen Hochschulen kam und von dort in das deutsche Schulsystem gelangen soll. Doch vorher soll auf die ideologischen Wurzeln eingegangen werden.

Die Wurzeln von »Gender«

In der Gesellschaftspolitik linker Prägung hat die Instrumentalisierung der menschlichen Sexualität zur Durchsetzung ideologischer Ziele eine lange Tradition. In der westlichen Welt ist vor allem der Psychoanalytiker Wilhelm Reich (1897–1957) bekannt, der in seinem Buch »Die sexuelle Revolution« (die Originalausgabe erschien 1936 und hieß »Sexualität im Kulturkampf. Zur sozialistischen Umstrukturierung der Menschen«) ausführlich die Notwendigkeit einer Zerstörung der Sexualmoral zum Aufbau einer kommunistischen Gesellschaft beschrieben hat. Seine Hauptthese lautet: Ohne Sexualisierung der Jugend gibt es keine kommunistische Gesellschaft. Diese Sexualisierung ist notwendig, um die Ehe und die Familie zu zerstören. Die Familie ist wiederum das Haupthindernis für die Errichtung des Kommunismus.

Bei Wilhelm Reich finden wir einen Gedanken, der gewissermaßen der rote Faden der »sexuellen Revolution« ist und auch die Entstehung einer Ideologie wie der *Gender-Ideologie* ermöglicht hat: die Trennung von Sexualität und Fortpflanzung. Sind in der menschlichen Wahrnehmung Sexualität und Fortpflanzung voneinander getrennt, wird die katholische Ehe- und Sexualmoral völlig unbegreiflich und es gibt kaum noch ein moralisches Hindernis, damit sich der Mensch nicht ganz seinen ungeordneten Leidenschaften hingibt. Die Theologen Juan-José Pérez-Soba und Stephan Kampowski konstatieren:»Es scheint in der Tat so zu sein, dass die *Gender-Theorie* nur in einer Gesellschaft entstehen kann, der jedes Bewusstsein für den Zusammenhang zwischen sexueller Aktivität und Zeugung verloren gegangen ist. Nur in einem derartigen Kontext kann die sexuelle Präferenz wichtiger werden als der Geschlechtsunterschied mit seinem inneren Bezug zur Fruchtbarkeit.«[8]

Wilhelm Reich rief in der Sowjetunion zu einer »sexuellen Revolution« auf, um eine kommunistische Gesellschaft aufzubauen. Doch auch im kapitalistischen Westen breitete sich eine Mentalität aus, die Sexualität von Fortpflanzung trennte – nicht ohne Unterstützung von Kräften, welche die Errichtung des Kommunismus im Westen anstrebten.

Im Deutschland der Weimarer Zeit gab es in den größeren Städten Milieus, die bewusst und aus ideologischen Gründen ein Leben in sexueller Libertinage führten – eine Art Vorläufer der späteren 1968er-Revolutionäre und ihrer »sexuellen Revolution«.

Nach dem Zweiten Weltkrieg begann sich diese Mentalität langsam, aber sicher in der breiten Masse der Bevölkerung über die neu entstandenen Massenmedien auszubreiten. In Deutschland fand das

Thema »Sexualität« durch die Berichterstattung über den sogenannten Kinsey-Report Eingang in die Massenmedien.

Dieser Report trägt den Namen von Alfred C. Kinsey, der in den 1940er-Jahren anhand von männlichen Sträflingen das sexuelle Verhalten der US-amerikanischen Bevölkerung untersuchen wollte. Obwohl seine Methoden alles andere als seriös waren, war der Kinsey-Report äußerst einflussreich. Die Medien verbreiteten die darin geschilderten »Untersuchungsergebnisse«, als ob diese absolute Wahrheiten seien. Aufgrund der pikanten Informationen fanden sich viele Leser, die bereitwillig die »Erkenntnisse« Kinseys lasen, ohne sie groß zu hinterfragen, ob sie nun die Realität spiegelten oder nicht. Der Kinsey-Report befriedigte in erster Linie eine lüsterne Neugierde und weniger einen legitimen Wissensdurst.

Auch in Deutschland waren die Massenmedien entscheidend für die Verbreitung von Kinsey-Aussagen. Und mehr als das: Sie brachen ein bis dahin existierendes Tabu: »Mit Kinsey hoben sich in Westdeutschland die Schranken der medialen Berichterstattung, Erotik wurde ein Thema der viel gelesenen Illustrierten. Dies bahnte sich zwar bereits 1948/49 an, aber mit dem ›K-Day‹ [dem Erscheinungstag des Kinsey-Reports, Anm. d. Verf.] in den USA explodierte im Sommer 1953 förmlich das publizistische Interesse an Kinseys Lehre von den Glücksverheißungen eines normativ nicht gebundenen Sexuallebens.«[9]

Von nun an wurde Sexualität immer mehr und immer offener in den Massenmedien gezeigt. Unternehmen wie »Beate Uhse« (gegründet 1951) taten das Übrige, um die Sexualmoral zu demolieren. Dieser Tabubruch bereitete den Weg für die »Sexwelle« der 1960er- und diese wiederum für die »sexuelle Revolution« der späten 1960er- und 1970er-Jahre. Obwohl der Hauptantrieb dieser Entwicklung der allgemeine Verfall der Sitten nach dem Zweiten Weltkrieg war, der von vielen Medien noch kräftig unterstützt wurde, gab es stets ideologisch motivierte Personen, die in der akademischen und intellektuellen Welt eine Aufweichung der Sexualmoral förderten.

Die genannten Alfred C. Kinsey und John Money waren keine verträumten Wissenschaftler, die vergeistigt in einem Elfenbeinturm lebten. Sie hatten ganz klare Vorstellungen von den gesellschaftlichen Veränderungen, die sie erreichen wollten.

Alfred C. Kinseys Ziel war es, zu zeigen, dass alle sexuellen Perversionen nicht nur zulässig seien, sondern auch praktiziert werden. Dazu gehörte auch Pädophilie. Kinsey holte für seine »Studie« auch Berichte von Pädophilen ein, um das Verhalten von Säuglingen und Kindern zu »erforschen«. Vor allem für diese dubiose Vorgehensweise (wie die Pädophilen zu ihren Erkenntnissen über das Sexualverhalten von Kindern und Säuglingen kamen, wurde nicht festgehalten) wird Kinsey bis heute scharf kritisiert.[10]

John Moneys Absicht war die Vorstellung, es gäbe nur zwei Geschlechter, die ausgelöscht werden müssten; deshalb erfand er die Theorie einer »psychosexuellen Neutralität«. Damit meinte er, dass man Frauen problemlos zu Männern machen könne und umgekehrt, denn psychologisch gäbe es keine Unterschiede.[11] Um seine Theorie zu beweisen, unternahm er chirurgische Eingriffe an Säuglingen, deren Geschlecht nicht festzustellen war (intersexuelle Säuglinge).[12] Es handelt sich hier um Fälle, bei denen nur durch eine DNA-Untersuchung das richtige Geschlecht festzustellen ist.

Besonders einflussreich in Deutschland war Herbert Marcuse. Er gilt als der Philosoph der »sexuellen Revolution« schlechthin. In der Rezeption seines Hauptwerkes »Triebstruktur und Gesellschaft« wird meistens betont, dass er ein Plädoyer für die »freie Liebe« und für »wilde Ehen« geschrieben hätte. Diese Sicht der Dinge ist dem Umstand geschuldet, dass vor allem die ersten 1968er seine Thesen übernommen und verbreitet haben. *Gender* war noch nicht im Blickfeld dieser Revolutionäre. Doch Marcuse geht gedanklich viel weiter, als nur für außerehelichen Geschlechtsverkehr einzutreten. Marcuse übt eine grundlegende Kritik an der Kultur, denn sie schränke die Entfaltung der Sexualität durch die Verortung in der Ehe drastisch ein. Ziel eines revolutionären Umwandlungsprozesses müsse sein, sämtliche Schranken des sexuellen Triebes niederzureißen. Marcuse beschreibt das so:

»Mit der Wiederherstellung der Urstruktur der Sexualität [also einer Sexualität, die entsprechend Marcuse frei von Repression ist, Anm. d. Verf.] ist das Primat der genitalen Funktion gebrochen – und damit die Desexualisierung des Körpers, welche dieses Primat begleitete. Der Organismus wird in seiner Gesamtheit zum Substrat der Sexualität, während zur gleichen Zeit das Triebziel nicht mehr von einer spezialisierten Funktion absorbiert wird – nämlich von dem ›Bestreben, die eigenen Genitalien mit denen einer Person des anderen Geschlechts in Kontakt zu bringen‹.«[13]

Solche Zitate werfen sehr viele Fragen auf, die hier nicht umfassend erläutert werden können. Halten wir aber fest, dass man kaum radikaler eine Trennung von Genitalien (und damit der Organe, die für die Fortpflanzung notwendig sind) und Sexualität formulieren kann wie in diesem Zitat. Wenn der gesamte menschliche Körper zum Substrat – also zur Grundlage – der Sexualität wird und dabei die Genitalien praktisch keine Rolle mehr spielen, so hat man sich komplett von der Vorstellung verabschiedet, dass die Sexualität in einem zwingenden Zusammenhang mit dem Geschlecht steht. So wird – was die Sexualität betrifft – die Unterscheidung zwischen Mann und Frau unerheblich. Die Sexualität wird (gedanklich) dadurch völlig losgelöst von irgendwelchen vorgegebenen biologischen, kulturellen, sozialen und vor allem religiösen Zusammenhängen.

Das Kernanliegen Marcuses wie auch der *Gender-Ideologen* ist ja gerade, die menschliche Sexualität von allen »repressiven Strukturen«, wie sie von ihnen bezeichnet werden, zu befreien. Dazu gehören für sie die monogame Ehe, aber auch alle Konzepte, die in irgendeiner Form die Sexualität einengen könnten. Im Endeffekt gehört dazu auch das Geschlecht. Marcuse formulierte (sich auf Sigmund Freud beziehend) das so: »Die Kultur unterjocht nicht nur seine soziale, sondern auch seine biologische Existenz, sie unterwirft nicht nur Anteile des menschlichen Wesens ihrem Zwang, sondern seine Triebstruktur selbst.«[14]

Wird diese »Unterjochung« entfernt, so lösen sich die Strukturen, die sie aufrechterhalten sollen, auf: »Der Körper in seiner Gesamtheit würde ein Objekt der Besetzung, ein Ding, dessen man sich erfreuen kann – ein Instrument der Lust. Diese Veränderung im Wert und im Ausmaß der libidinösen Beziehungen würde zu einer Auflösung der Institutionen führen, in denen die privaten zwischenmenschlichen Beziehungen organisiert waren, besonders der monogamen und patriarchalen Familie.«[15]

Die Pille

In der realen Welt außerhalb von Intellektuellenkreisen trug im Jahr 1961 die Einführung von künstlichen

Verhütungsmitteln – z. B. die »Pille« – maßgeblich dazu bei, Sexualität von Fortpflanzung zu trennen. Aufgrund der oben beschriebenen Aufweichung der Sitten und der Verbreitung pikanter Themen durch die Massenmedien war die »Pille« wirtschaftlich ein gigantischer Erfolg. Carl Djerassi, der das erste markttaugliche Präparat entwickelte, war sich durchaus bewusst, welche Revolution die »Pille« in den Mentalitäten bringen würde: »Bezüglich des soziokulturellen Einflusses jedoch, von der Religion bis zur Frauenbewegung, nimmt die Pille mit Sicherheit eine Spitzenposition ein. Indem sie den Geschlechtsakt von der Empfängnis trennte, setzte sie eine der umwälzendsten Veränderungen der jüngsten Zeit in Gang, nämlich die allmähliche Auflösung der Einheit von Sex und Fortpflanzung. (…) Die ethischen und gesellschaftlichen Implikationen dieser Entkoppelung sind gewaltig und beginnen erst jetzt diskutiert zu werden.«[16]

Bekanntlich reagierte die katholische Kirche darauf mit der Enzyklika »Humanae vitae«. Die Veröffentlichung am 25. Juni 1968 erfolgte nach heftigen Geburtswehen und recht spät. Zudem war ihre Wirkung in Ländern wie Deutschland und Österreich gering, weil die dortigen Bischofskonferenzen ihre Verbindlichkeit abstritten (Erklärungen von Königstein und Maria Trost). Papst Paul VI. stellte fest: »Ein Akt gegenseitiger Liebe widerspricht dem göttlichen Plan, nach dem die Ehe entworfen ist, und dem Willen des ersten Urhebers menschlichen Lebens, wenn er der vom Schöpfergott in ihn nach besonderen Gesetzen hineingelegten Eignung, zur Weckung neuen Lebens beizutragen, abträglich ist. Wenn jemand daher einerseits Gottes Gabe genießt und anderseits – wenn auch nur teilweise – Sinn und Ziel dieser Gabe ausschließt, handelt er somit im Widerspruch zur Natur des Mannes und der Frau und deren inniger Verbundenheit; er stellt sich damit gegen Gottes Plan und heiligen Willen.«[17]

Das Vordringen der irrigen Vorstellung, Sexualität und Fortpflanzung seien völlig getrennte Dinge, geschah nicht ohne eine umfassende Metamorphose der öffentlichen Meinung zu diesem Sachverhalt, wodurch es zunehmend schwieriger geworden ist, in der Öffentlichkeit offen und frei auf den wahren Zweck von Sexualität hinzuweisen. Gabriele Kuby schildert diese absurde und geradezu surrealistische Situation mit folgenden Worten: »Wer heute im politischen, akademischen, medialen und sogar im kirchlichen Raum Gründe dafür vorbringt, dass der sexuelle Akt ausschließlich in die eheliche Beziehung von Mann und Frau gehört und für die Empfängnis von Kindern offen sein sollte, wer die Frage der Entstehung, der Risiken und der Folgen nicht-heterosexuellen Verhaltens wissenschaftlich diskutiert oder sich gar den Strategien der sexuellen Deregulierung [damit ist der umfassende Abbau von ethischen Normen im Sexualleben gemeint, Anm. d. Verf.] widersetzt, läuft Gefahr, aus dem öffentlichen Diskurs ausgegrenzt zu werden, mit Schimpfwörtern stigmatisiert zu werden, seine berufliche Stellung zu verlieren, von Interessengruppen in vielfältiger Weise gemobbt und diskriminiert zu werden.«[18]

Die »emanzipatorische Sexualerziehung«

Kinder und Jugendliche wurden zur Spielwiese der Sexual-Ideologen, als die »sexuelle Revolution« und die Ideen von Marcuse Eingang in die schulische Sexualerziehung fanden. Diese soll hier etwas ausführlicher behandelt werden, denn von der Einführung der sogenannten »emanzipatorischen Sexualerziehung« führt ein direkter Weg zur aktuellen »Akzeptanz sexueller Vielfalt« und der *Gender-Ideologie* in die schulischen Lehrpläne.

Die Schlüsselfigur bei der Einführung der Schulsexualerziehung Anfang der 1970er-Jahre war der Psychologe und Professor für Sozialpädagogik Helmut Kentler, Begründer der »neoemanzipatorischen Sexforschung« und ehemaliger Präsident der »Deutschen Gesellschaft für Sozialforschung«. Für ihn sollte die Sexualerziehung ganz im Dienst der Revolution stehen: »In meinem Verständnis kann es nicht Aufgabe der Pädagogik sein, überkommene Normen und bestehende Institutionen schlicht zu sichern und die Menschen ihnen zu unterwerfen. Erziehung soll vielmehr die Menschen befähigen, die Normen und Institutionen so zu verändern, dass ihnen eine

Emanzipation von erfahrenen Zwängen möglich ist.«[19]
Marcuses Thesen formuliert Kentler somit als pädagogische Richtlinien. Auch das Ziel bleibt dasselbe wie bei Marcuse, also der Umsturz der bestehenden Ordnung über den Weg einer völlig neuen Auffassung von Sexualität:»Die Forderung nach sexueller Freizügigkeit ist der Ausdruck eines Gewissens, das Änderung der Kultur, der Normen, der Herrschaftsverhältnisse verlangt, um Unterdrückung und Leiden der Menschen zu verringern. Der an Emanzipation orientierte Erzieher fragt nach dem ›Schicksal‹ der Sexualität, nach den konkreten, ihre Situation bestimmenden gesellschaftlichen Bedingungen, und ebenso wie emanzipierende Erziehung in anderen Bereichen untersucht, wie die Menschen unter den gegebenen Gesellschaftsverhältnissen und durch Veränderung der Gesellschaftsverhältnisse menschlicher existieren könnten, so auch in der Sexualerziehung: Die Menschen sollen lernen können, ihre sexuellen Bedürfnisse freier und lustvoller, sich in ihrer Menschlichkeit genießend, zu befriedigen.«[20]

Helmut Kentler verheimlichte gar nicht, dass für ihn Sexualerziehung ein Instrument politischen Handelns sei. Dieses Instrument müsse möglichst früh an den Kindern angewendet werden, denn mit zunehmendem Alter sei es schwieriger, die kindliche Mentalität im Sinne der emanzipatorischen Sexualerziehung zu formen:»Es ist ungewöhnlich, Sexualerziehung in erster Linie als politische Bildung zu verstehen. Dabei beweist die gesamte anthropologische Forschung, dass in jeder Gesellschaft die Hauptarbeit des Sozialisierungsgeschäfts darin besteht, die Heranwachsenden den Normen und Gesetzen anzupassen, denen das sexuelle Leben unterworfen ist. Indem das ursprünglich noch nicht festgelegte und vielgestaltige Sexualverhalten des Kleinkindes eingeengt und reguliert wird, geschieht gleichzeitig Training im Verzichten auf eigenwillige Bedürfnisbefriedigung, Disziplinierung eigener Wünsche und Interessen, schließlich Gewöhnung an die allgemein herrschenden gesellschaftlichen Zustände.«[21]

Diese längeren Zitate sollen in Erinnerung rufen, was die Person antrieb, die in Deutschland für die Erarbeitung der Pläne für die Schulsexualerziehung zuständig war. Hinzu kommt noch seine positive Sicht der Pädophilie: »Der auch als Gerichtsgutachter tätige Psychologe Helmut Kentler schrieb in der Aufklärungsbroschüre ›Zeig mal!‹ (Auflage: 90 000 in Deutschland), dass sexuelle Kontakte zu Kindern unbedenklich seien, ›wenn solche Beziehungen nicht von der Umwelt diskriminiert‹ würden.«[22] Verwahrloste Jugendliche brachte er bei Pädophilen unter: »Diese Leute haben diese schwachsinnigen Jungen nur deswegen ausgehalten, weil sie eben in sie verliebt, verknallt und vernarrt waren.«[23]

Diese Tatsachen sind im Zuge der Pädophilie-Debatte über den Umgang der Grünen mit pädophilen Personen, Organisationen und vor allem parteiinternen

Gruppen der Öffentlichkeit bekannt geworden. Im Jahr 2013 gab es darüber einen bundesweiten Aufschrei. Viele Menschen waren empört. Politiker von »Bündnis 90/Die Grünen« haben die Vorfälle »tief bedauert«.

Doch die Prinzipien, die Helmut Kentler für die Schulsexualerziehung aufgestellt hat, sind im Kern bis heute dieselben geblieben: 1. Die Sexualerziehung hat eine politische Zielsetzung. 2. Die Sexualerziehung soll revolutionär sein im Sinne, dass die geltenden ethischen Normen, die als repressiv bezeichnet werden, überwunden werden. 3. Das Elternrecht auf Erziehung darf nicht berücksichtigt werden, da vor allem sie diejenigen sind, die aus der Sicht der emanzipatorischen Sexualerziehung die repressiven Normen aufrechterhalten.

Auch hinsichtlich der Einführung des Leitprinzips »Akzeptanz sexueller Vielfalt« im Rahmen des »Bildungsplanes 2015« verfuhr man nach Kentlers Muster. Im Rahmen dieses Bildungsplanes sollte die *Gender-Ideologie* fächerübergreifend ab dem ersten Grundschuljahr in den Lehrplan Eingang finden.

Der Bildungsplan wurde geheim gehalten, doch er drang wohl durch eine undichte Stelle nach außen. Der Realschullehrer Gabriel Stängle war dermaßen entsetzt über das Vorhaben, dass er Unterschriften für eine Petition mit dem Namen »Kein Bildungsplan 2015 unter der Ideologie des Regenbogens« sammelte.[24] Fast 200 000 Menschen beteiligten sich an der

Aktion, obwohl gegen die Petition eine hasserfüllte Hetzkampagne ausbrach.[25] Die Gegner des Bildungsplanes argumentierten stets, das Elternrecht auf Erziehung werde nicht respektiert und es drohe ein Gesinnungsunterricht.[26]

Dem verantwortlichen Politiker der grün-roten Landesregierung Baden-Württembergs unter der Führung von Winfried Kretschmann (»Bündnis 90/Die Grünen«) war das zunächst egal. Nur dank monatelanger Diskussionen und mehrerer Proteste verschob man den Bildungsplan um ein Jahr und entschärfte die Inhalte, ohne die »Akzeptanz sexueller Vielfalt« ganz zu streichen.

Die Petition und ihre Argumente gegen den Bildungsplan wurden von der Landesregierung kaum beachtet und vom Petitionsausschuss schließlich abgelehnt.[27] Im 2011 geschlossenen Koalitionsvertrag zwischen den Grünen und der SPD hieß es: »Für uns ist die Einmischung der Bürgerinnen und Bürger eine Bereicherung. Wir wollen mit ihnen im Dialog regieren und eine neue Politik des Gehörtwerdens praktizieren.«[28] Schöne Worte, doch wenn es um die Durchsetzung einer Sexual-Ideologie geht, hört die Bereitschaft, auf die Eltern zuzugehen, schnell auf. Der lange Schatten Helmut Kentlers wirkt bis heute.

Anfang der 1970er-Jahre erhoben sich Stimmen gegen die Ansichten Helmut Kentlers und all der anderen Vertreter der »emanzipatorischen Sexualerziehung«. Vor allem Christa Meves wies oft darauf hin, welche Schäden durch diese Form von Sexualerziehung entstehen können, und rief zum Widerstand auf: »Es ist dringend an der Zeit, sich zur Wehr zu setzen gegen eine brutale Manipulation der Kinder durch Praktiken, die ihnen nicht angemessen sind, sich zu wehren dagegen, dass laienhaft emanzipierende Methoden Eingang finden in Kindergarten- und Schulpädagogik.«[29]

Wie ist die »Gender-Ideologie« entstanden?

Die *Gender-Ideologie* ist gewissermaßen die Fortsetzung der Ansichten über Sexualität, die John Money, Herbert Marcuse, Helmut Kentler und weitere formuliert haben. All diesen Ansätzen ist gemeinsam, dass sie einen revolutionären Impetus haben, das heißt, sie wollen den Menschen von einer vermeintlichen »Repression« befreien und Sexualität von Fortpflanzung trennen. Die *Gender-Ideologie* speziell stammt aus mehreren Quellen:

Marxismus und Postmarxismus von Herbert Marcuse

Die sogenannte »sexuelle Revolution« Ende der 1960er-Jahre war keine Explosion, die einen Zustand hergestellt hat, sondern vielmehr der Beginn eines Prozesses, der sich zunehmend radikalisiert und ausgefächert hat. Erstes Ziel war, die gesellschaftliche Akzeptanz der »wilden Ehe«, der »freien Liebe«, also von außerehelichem Geschlechtsverkehr, zu erreichen. Doch bekanntlich blieb es nicht dabei. Dem Ruf nach »sexueller Emanzipation« wurde von immer mehr Gruppen und Grüppchen Folge geleistet. So entstand ein neuer Feminismus, der sich zunächst für die Liberalisierung der Abtreibung einsetzte. Bald gesellten sich Homosexuelle, Päderasten, Transvestiten und andere zu den Bataillonen der »sexuellen Revolution«.

Gemeinsamer Nenner all dieser Gruppen ist ihr Denkansatz: Der Begriff des Klassenkampfes – von Karl Marx entwickelt – wurde auf ihre jeweilige Situation angewendet. Analog zum Aufstand des Proletariats gegen die Kapitalisten verstanden sich diese Soldaten der »sexuellen Revolution« als Kämpfer gegen eine Macht, die sie unterdrückte.

Triebkraft dieses Kampfes nach dem Prinzip eines abgewandelten Begriffes des Klassenkampfes ist die Vorstellung, man könne die volle Gleichheit zwischen den Geschlechtern und sonstigen »sexuellen Identitäten« wie eben Homosexuelle, Transgender usw. erreichen.

Laut dieser Sicht der Dinge führt jegliche Ungleichheit zu einer Hierarchisierung der Menschen und diese wiederum zu Unterwerfung und Ausbeutung.

Diese dritte Quelle, aus der die *Gender-Ideologie* ihre Nahrung nimmt, ist also eine Metamorphose des Marxismus. Der klassische Kommunismus, der, gepaart mit den Lehren Freuds in den 1960er-Jahren, zur 1968er-Revolution führte, machte nie einen Hehl daraus, dass er die »bürgerlich-kapitalistischen Machtstrukturen« beseitigen wolle. Ehe und Familie seien nichts anderes als Produkte dieses Machtgefüges, das nur dazu dienen solle, die Macht des Kapitals aufrechtzuerhalten. Dementsprechend müsse die Jugend möglichst sexualisiert, müssen alternative Partnerschaftsformen favorisiert und die Kinder möglichst früh aus der Obhut der Eltern entfernt werden.

Der Lehre des Klassenkampfes wohnt die Idee inne, dass nur durch die Überwindung aller Ungleichheit ein harmonischer Zustand hergestellt werden kann. Aus diesem Grund radikalisiert sich der Klassenkampf stets und sucht permanent nach neuen Quellen der »Ausbeutung«. So kommt man zwangsläufig zur *Gender-Ideologie*, die in der Unterscheidung zwischen unterschiedlichen sexuellen Orientierungen eine Quelle der Ungerechtigkeit sieht.

Feminismus

Für die Entstehung der *Gender-Ideologie* ist der Feminismus von herausragender Bedeutung, weil er zuerst jeglichen Unterschied zwischen den beiden Geschlechtern kritisierte mit dem Argument, diese Ungleichheit führe zu einer systemimmanenten Unterdrückung der Frau. Der Feminismus der 1970er-Jahre übernahm ganz die Idee des Klassenkampfes. »Proletariat« wird durch »Frauen« ersetzt. Diese müssten gegen die Herrschaft der Männer kämpfen, um sich emanzipieren zu können.

Bekannteste Figur weltweit ist Simone de Beauvoir. Ihr Buch »Das andere Geschlecht« ist so etwas wie das Manifest der Frauenbewegung. Jüngerin de Beauvoirs und bekannteste Figur der deutschen Frauenbewegung ist Alice Schwarzer. Der wohl bekannteste Satz de Beauvoirs ist: »Man kommt nicht als Frau zur Welt, man wird es. Keine biologische, psychische oder ökonomische Bestimmung legt die Gestalt fest, die der weibliche Mensch in der Gesellschaft annimmt.«[30] Dieser Satz klingt wie der erste Gender-Schlachtruf. Man kann darüber streiten, ob Simone de Beauvoir das im Sinne der heutigen *Gender-Ideologen* so gemeint hat. Jedenfalls ist nicht zu leugnen, dass *Gender-Ideologen* sehr viele Denkansätze von de Beauvoir aufgrund ihres existenzialistischen Ansatzes aufgegriffen haben. Entsprechend dem Existenzialismus geht die Existenz der Essenz vor. Jean-Paul Sartre, Hauptvertreter des Existenzialismus, schreibt: »Wenn der Mensch, so wie ihn der Existenzialist begreift, nicht definierbar ist, so darum, weil er anfangs nichts ist [also keine Essenz besitzt, Anm. d. Verf.]. Er wird erst in der weiteren Folge sein, und er wird so sein, wie er sich geschaffen haben wird. Also gibt es keine menschliche Natur, da es keinen Gott gibt«.[31]

Auf dieser philosophischen Grundlage entwickelt Simone de Beauvoir ihre feministische Theorie in »Das andere Geschlecht«. Welchen Einfluss der Existenzialismus für de Beauvoirs Denken hat und in welcher

Hinsicht hier schon der Kerngedanke der *Gender-Ideo-logie* enthalten ist, die behauptet, es gäbe eigentlich keine Männer und Frauen, erläutert Karl Simpfendör-fer, wenn er die Struktur des Beauvoir'schen Gedankensystems beschreibt: »Unter diesen Basisideen des feministischen Gedankensystems bestehen logische Bezüge. Der Gedanke (dass es keinen Gott gibt) bedingt, (dass der Mensch keine Natur bzw. kein Wesen besitzt) und (er deshalb gestaltbare Materie ist). Dies ist einleuchtend. Wenn es keinen Gott gibt, der die Menschen nach einem bestimmten Plan oder einer bestimmten Vorstellung entworfen hat, gibt es keine Wesenheit des Menschen als Nachvollzug und Ausdruck dieses Plans oder dieser Vorstellung. Da kein Schöpfer vorhanden ist, der die Menschen nach seinen Vorstellungen und mit einer konkreten Bestimmung geschaffen hat, gibt es auch nicht den Menschen, sondern nur existierende Wesen einer potenziellen Gattung Mensch, die erst durch die Gestaltung ihres Selbst sich zu Menschen ›adeln‹.«[32]

Simpfendörfer kritisiert Simone de Beauvoir als Wegbereiterin der Abtreibungsgesellschaft. Doch seine Analyse zeigt ebenso gut, wie wichtig ihr Beitrag für die Entstehung der *Gender-Ideologie* ist.

Natürlich war Simone de Beauvoir nicht die einzige Feministin und vor allem war sie nicht die mit den radikalsten Ansichten. Um ein Beispiel einer noch radikaleren Figur zu geben, nenne ich hier Shulamith Firestone (1945–2012). Sie war wohl eine der Ersten, welche die weibliche Biologie in den Mittelpunkt der Analyse stellte:»Feministinnen müssen nicht nur die gesamte westliche Kultur infrage stellen, sondern die Kultur selbst, mehr noch: sogar die Natur.«[33] Dann, so behauptete sie, dürften die biologischen Unterschiede zwischen Mann und Frau so gut wie keine Rolle spielen:»Die feministische Revolution muss, im Gegensatz zur ersten feministischen Bewegung [damit meint Shulamith Firestone die Frauenbewegung innerhalb der Arbeiterbewegung in den ersten Jahrzehnten des 20. Jahrhunderts, Anm. d. Verf.] nicht einfach auf die Beseitigung männlicher Privilegien, sondern der Geschlechtsunterschiede zwischen den Geschlechtern selbst zielen: Genitale Unterschiede zwischen den Geschlechtern hätten dann keine gesellschaftliche Bedeutung mehr. (Das bedeutet die Rückkehr zu einer ungehinderten Pansexualität – Freuds ›polymorphe Perversion‹ – und würde dann wahrscheinlich die Hetero-Homo-Bisexualität ersetzen).«[34]

Judith Butler und die Queer-Theorie

Nachdem die feministische Bewegung, die im Westen im Zuge der 1968er-Bewegung entstanden ist und in den 1970er- und 1980er-Jahren erhebliche Erfolge erreichen konnte, insbesondere bei der fast weltweiten Freigabe der Abtreibung, ins Stocken geriet, konnte sie keine neuen Ansätze mehr entwickeln auf der

Basis der Idee eines Klassenkampfes zwischen den Geschlechtern.

Dieser Feminismus, der die Muster des Marxismus für seine gesellschaftspolitischen Kämpfe übernommen hatte, geriet deshalb zunehmend in die Kritik: Zu sehr würde man auf die Unterschiede zwischen den Geschlechtern abheben. Diese Akzentuierung der Ungleichheit zwischen den beiden Geschlechtern würde im Endeffekt die Ungleichheit noch verschärfen, anstatt sie zu überwinden. Diese Feministinnen würden sich in der Tat im Grunde so verhalten, als ob sie gar kein Geschlecht hätten und sich das der Männer erkämpfen müssten, etwa so, wie die Proletarier in der kommunistischen Revolution sich den Besitz am Kapital erkämpfen müssten, um selber Kapitalisten zu werden, so die Kritik. Die Norm bliebe der Mann, und es gelte, die Frau zu vermännlichen.

Die Polarität zwischen dem Mann und der (diskriminierten und unterjochten) Frau sollte vielmehr überwunden werden: Das Geschlecht sollte als Faktor in den zwischenmenschlichen Beziehungen, im Aufbau einer »gerechten« Gesellschaft und überhaupt im Bewusstsein keine Rolle mehr spielen.

Einflussreichste Vertreterin dieses Ansatzes ist Judith Butler. Sie rief in ihrem Buch »Gender Trouble – Feminism and the subversion of identity« aus dem Jahr 1990 zu einer »Verwirrung der Geschlechter« (Gender Trouble) auf, zur bewussten und aktiven Verwischung der Unterschiede zwischen den Geschlechtern, etwa so, wie das bei den Homosexuellen-Paraden am *Christopher Street Day* anhand grotesker und extravaganter Kostümierungen geschieht. Gleich im ersten Kapitel von »Gender Trouble« schreibt sie kritisch: »Die feministische Theorie ist zum größten Teil davon ausgegangen, dass eine vorgegebene Identität existiert, die durch die Kategorie ›Frau(en)‹ bezeichnet wird.«[35]

In »Gender Trouble« wird der Feminismus Simone de Beauvoirs aufgrund der Einteilung in zwei Geschlechter kritisiert: »Wenn die jeweilige ›Kultur‹, die die Geschlechtsidentität ›konstruiert‹, nach Maßgabe des Gesetzes (oder eines Ensembles von Gesetzen) [damit sind Machtstrukturen, welche die Gesellschaft nach ihren Interessen ausrichten, gemeint, Anm. d. Verf.] begriffen wird, ist die Geschlechtsidentität ebenso determiniert und festgelegt wie nach der Formel ›Biologie ist Schicksal‹. Nur hätte die Kultur anstelle der Biologie die Rolle des Schicksals eingenommen.«[36]

Butler meint, es reiche also nicht aus, Biologie durch Kultur zu ersetzen. Nein, die Geschlechter an sich müssten überwunden werden. Auch wenn man in den Kategorien des Klassenkampfes denkt, ist diese Schlussfolgerung gar nicht so erstaunlich. Der Kommunismus strebte ja die Überwindung der Zweiteilung zwischen Proletariat und Kapitalisten an. *Gender* strebt dies bei den Geschlechtern an. Die *Gender-Ideologie* und ihre Forderung, die Geschlechter begrifflich aufzulösen, ist so gesehen die logische Konsequenz des Radikalfeminismus der 1970er-Jahre.

Klingt alles ziemlich utopisch, dennoch haben diese radikalen Gedanken schon Eingang in die Politik gefunden. So fordert die »Grüne Jugend« in einer Resolution die »Überwindung der Zweigeschlechtlichkeit«: »Die Kategorien ›Mann‹ und ›Frau‹ sind soziale Konstrukte, doch das Bild der Zweigeschlechtigkeit wird der Realität nicht gerecht. Wir verstehen einen Menschen nicht als eine Person, die ihr Leben lang einer Geschlechtsidentität als Mann oder Frau ausgesetzt ist. Unser Ziel ist es, eine Gesellschaft so zu prägen, dass sich jede_r frei entscheiden kann, welche Geschlechtsidentität sie_er einnehmen möchte.«[37]

Judith Butlers Ansatz hat in Form von sogenannten *Gender Studies* mit 146 Professuren an Universitäten und fünfzig an Fachhochschulen inzwischen einen festen Status an den deutschen Hochschulen.[38]

Denkströmungen, welche die Existenz einer eindeutig definierten Identität infrage stellen

Die Sichtweise Judith Butlers bzw. der *Queer-Theorie* führt zwangsläufig zur Frage, was denn Identität überhaupt ist, d. h. welche Bedeutung das Geschlecht für die Identitätsbildung überhaupt hat. Falls das Geschlecht überhaupt wichtig ist: Hat diese Wichtigkeit nur einen kulturellen Ursprung? Ist das Geschlecht essenziell für die Bildung von Identität?

Diese Frage ist nicht nur wegen *des Gender-Main-streamings* oder der *Queer-Theorie* in Mode gekommen, sondern sie ist überhaupt eines der Lieblingsthemen in der Psychologie der letzten zehn bis zwanzig Jahre. Man erfand Begriffe wie »Identitätskonstruktion«, »Patchwork der Identität«, »Identitätsformationen« usw.

Einigen Vertretern der Homosexuellen- und Transgender-Lobby liefern diese theoretischen Ansätze die Argumente für ihre politische Arbeit: Wenn die Identität keine eindeutig definierte Sache ist, so ist sie das auch hinsichtlich des Geschlechtes nicht. Der Mensch würde vielmehr in einem Fluidum, einem Kontinuum von Geschlechtsformen leben, welche die Form einer »totalen« Weiblichkeit bis zu einer »totalen« Männlichkeit annehmen könnten.

Die Literatur hierzu ist vielfältig und laufend erscheinen neue Titel. Um nur ein paar weitere zu nennen: Luce Irigaray, »Ce sexe qui n'en est pas un« *(This sex which is not one),* 1977; Monique Wittig, »One is not born a woman«; Michel Dorais, »L'éloge de la diversité sexuelle«; Michel Foucault, »Histoire de la sexualité – la volonté de savoir« und viele andere mehr.

Die Festlegung einer definierten Identität wird als »Identitäts-Fundamentalismus« begriffen, der beanspruche, eine absolute Wahrheit zu besitzen. Aus diesem Grund sei dieser Fundamentalismus genauso gefährlich wie der religiöse oder der politische Fundamentalismus.[39]

In der christlichen bzw. katholischen Publizistik wurde die Instabilität in der Wahrnehmung der eigenen Identität als Ursache für das Unvermögen junger Menschen, Ehen einzugehen und sich zu einer klar definierten Geschlechtsrolle zu bekennen, noch wenig untersucht. John Rist, Professor emeritus für klassische Wissenschaften und Philosophie an der Universität von Toronto, schreibt dazu: »Obwohl sie denselben Namen tragen und gewiss eine einzigartige genetische Identität (dieselbe DNS) besitzen, erfahren sie im Laufe ihres Lebens so fortwährende und psychologisch radikale Veränderungen, dass sie sich selbst für das halten, was die Philosophen, die Hume (gemeint ist David Humes Auffassung, es gäbe kein ›Selbst‹) folgen, als ›sequenziertes Selbst‹ bezeichnen würden.« Rist beklagt einen Mangel an Interesse und ein Unverständnis für die Bedeutung dieses Sachverhalts seitens der katholischen Kirche: »Derartige Fragen über die Identität der Person sind nach meiner Auffassung die schwierigsten theoretischen Themen, die in der heutigen philosophischen Welt diskutiert werden. Katholische Denker nehmen nur sehr zurückhaltend an dieser Diskussion teil, weil sie sich typischerweise mehr mit den speziellen Punkten der katholischen Themen der Vergangenheit beschäftigen, statt die Weisheit der Vergangenheit, insofern diese von selber bestehen kann, in direkte Konfrontation mit den radikal-personalistischen und antichristlichen Standpunkten der gegenwärtigen intellektuellen Kreise zu bringen.«[40]

Die *Gender-Ideologie* setzt im Grunde voraus, dass Identität und Persönlichkeit nicht eindeutig definiert sein können. Nur so kann auch das Geschlecht nicht eindeutig definiert, sondern eine Konstruktion sein, die sich ständig verändern kann. Eindeutige Überzeugungen werden als Hirngespinste oder Vorurteile gewertet, die sich anhand von Techniken abbauen lassen. Diese Methode nennt man Dekonstruktion: Feste, angeblich willkürliche, Überzeugungen über das eigene Ich und die eigene Sexualität werden infrage und eine »Vielfalt« an »Orientierungen« wird in Aussicht gestellt.

»Identität« ist neben der Psychologie auch ein bedeutender Gegenstand der modernen linken Sozial- und Kulturwissenschaften. Diese gehen davon aus, dass die Identität eine Konstruktion sei. Man spricht von »Bastelbiografie«, »Patchwork-Identität«, dem »flexiblen Menschen« usw. Der Mensch wird in einer »postmodernen Krise der Identität« gesehen, eine Folge der Auflösung der gesellschaftlichen Strukturen, die zur Bildung der Identität beitrugen: Nation, Familie, Geschlecht usw. In der Wahrnehmung moderner Soziologen lebt der Mensch ohne enge Bezüge zu sozialen Größen und »bastelt« sich seine Identität anhand von Elementen, die ihm die Mode, die Medien und die Populärkultur (Pop-Musik, Pop-Stars, Filmstars, Fernsehserien usw.) liefern. Während die lokalen Strukturen sich auflösen, wächst die Kommunikation des Einzelnen mit der Welt durch Massenmedien und soziale Netzwerke. Das Bild, das der Einzelne von der Welt hat, wird dadurch weiter, aber auch verschwommener. In dieser Globalisierung »verliert« er sich, er fühlt sich wurzellos und zweifelt an einer eindeutig definierten eigenen Identität. Er beginnt, in Zweifel zu ziehen, welche Eigenschaften er eigentlich besitzt, und macht sich auf den Weg, seine Identität zu basteln anhand der Elemente, die ihm über den Weg laufen. So sieht er beispielsweise Conchita Wurst im Eurovision Song Contest und sagt sich: »Mmh, wieso nicht?«

Rolf Eickelpasch schreibt: »Vor allem in den (...) ›postfeministischen‹ Debatten wird die Frage nach Identität in den Zusammenhang derjenigen globalen Prozesse gestellt, die zur Unterminierung und Zersplitterung der großen kollektiven Zugehörigkeiten – Nation, Kultur, Ethnie, Geschlecht – geführt haben.«[41]

In dieser Perspektive ist *Gender* lediglich eine Unterkategorie einer umfassenden Dekonstruktion der menschlichen Identität: »Neben ›Nation‹ und ›Rasse‹ ist ›Geschlecht‹ eine der zentralen Kategorien, welche die Identität der Menschen symbolisch und sozial in übergreifenden, scheinbar ›objektiven‹ Zugehörigkeiten verankern. (...) Wie wir als geschlechtliche Subjekte geformt und geschaffen werden, wird nicht mehr der ›Natur‹ überlassen, sondern zu einer politischen und sozialen Gestaltungsaufgabe erklärt. Identität wird zu einer Frage der Identitätspolitik.«[42]

Spätestens hier wird deutlich, wie umfassend die *Gender-Ideologie* dem christlichen Menschenbild und überhaupt der christlichen Vorstellung der Schöpfungsordnung widerspricht. Nach christlicher Auffassung ist die Schöpfung eine Kreation Gottes, die von ihm unterschiedlich geschaffen ist. In dieser Schöpfung besitzt der Mensch einen privilegierten Platz, denn er wurde als Abbild Gottes erschaffen: »Gott schuf also den Menschen als sein Abbild; als Abbild Gottes schuf er ihn« (Gen 1,27). Somit ist der Mensch eine Person, die Gott als eigenständige Persönlichkeit gegenübertritt. *Gender* und die gesamte Identitätskritik verneinen schon dieses grundsätzliche Merkmal des Menschen, dass jeder Mensch eine eigenständige, einmalige Persönlichkeit mit einer eigenen und einmaligen Identität ist. Für die *Genderisten* sind diese Begriffe so etwas wie Mythen oder Traumvorstellungen.

Der Schöpfungsbericht geht weiter: »Als Mann und Frau schuf er sie. Gott segnete sie und Gott sprach zu ihnen: Seid fruchtbar und vermehrt euch« (Gen 1,27–28).

Dass die *Gender-Ideologie* die Vorstellung ablehnt, dass es »nur« oder überhaupt Männer und Frauen gibt, wurde hier schon erläutert. Unmittelbar nach der Feststellung, dass Gott den Menschen als Mann und Frau erschaffen hat, ergeht eine weitere Information in Form eines Befehls an die Menschen, und zwar, dass sie fruchtbar sein und sich vermehren sollen. Das heißt, was den Menschen in erster Linie in seiner

Eigenschaft, dass er als Mann und Frau erschaffen wurde, auszeichnet, ist, dass die beiden Geschlechter hinsichtlich der Fortpflanzung komplementär sind. Auch dies wird von der *Gender-Ideologie* vehement abgestritten.

Wenn aber der Mensch keine festgelegte Person mit einer eindeutigen und einmaligen Identität ist, so ist er eine Art unbestimmtes Wesen, ein Teil eines übergeordneten Ganzen, das nicht definiert, sondern im ständigen Wandel ist. Spätestens hier wird die Verwandtschaft mit der Gnosis, welche die Existenz einer Individualität abstreitet, deutlich.

Verwandtschaft von Gender mit nichtchristlichen Religionen

Auf die Verwandtschaft der *Gender-Ideologie* mit nichtchristlichen Religionen weist Írisz Sipos hin:«Mit einem gigantischem Überbau aus religiösen Praktiken und Dogmen, aus philosophischen Systemen und technischen Experimenten versuchen Menschen in unterschiedlichen Kulturen, die leidige Leiblichkeit zu überwinden, wegzudiskutieren oder wenigstens zu instrumentalisieren. Heidnische Kulte streben durch Trancezustände nach der entleiblichten Schau der Geisterwelt. Der Buddhismus lehrt die Überwindung von Körperlichkeit und Individualität durch Askese und meditative Versenkung und sieht im Nirwana, der Auflösung aller Verschiedenheit, das Ziel des Seins.«[43]

In der Tat vertritt der Buddhismus die Auffassung, der menschliche Körper, so wie wir ihn sehen, sei eine Art Halluzination. So erklärt Geshe Kelsang Gyatso in seinem Buch »Einführung in den Buddhismus«: »Wenn wir normalerweise ›mein Körper‹ denken, so erscheint unserem Geist ein Körper, der aus sich selbst heraus existiert, als Einheit, die von ihren Teilen unabhängig ist. Dieser Körper ist das Objekt der Verneinung; er existiert nicht. Die Begriffe ›wahrhaft existierender Körper‹, ›inhärent existierender Körper‹ und ›Körper, der aus sich selbst heraus existiert‹ haben alle die gleiche Bedeutung; sie alle sind Objekte der Verneinung.«[44] In dieses Bild passt, dass der Buddhismus einen Begriff Ehe nicht kennt bzw. dass die Ehe sich ausschließlich als eine kulturell entstandene Institution definiert.

Die Frage, ob der Buddhismus und andere Religionen als Ideengeber für die *Gender-Ideologie* fungiert haben, kann hier nicht umfassend beantwortet werden. Dennoch liegt es nahe, dass der Siegeszug solcher Religionen im Westen die Akzeptanz der Kernidee von *Gender* in der Gesellschaft erhöht bzw. die Widerstände dagegen geschwächt hat.

Von der Gender-Ideologie zur Infragestellung der Gattungsidentität

In Südamerika erfährt die *Gender-Ideologie* bereits eine Radikalisierung in Richtung einer Infragestellung des Menschen als Zugehöriger zu einer bestimmten Gattung von Lebewesen, also zu Tieren oder Pflanzen. Das klingt nach einer Extremform von Science-Fiction, doch bis vor wenigen Jahren hätte es kaum jemand für möglich gehalten, dass die eindeutige Einteilung der Menschen in Männer und Frauen bezweifelt wird.

Diese Infragestellung fügt zu den kollektiven Zugehörigkeiten Nation, Kultur, Ethnie und Geschlecht noch die Zugehörigkeit »Gattung« hinzu.[45] Die Tatsache, dass solche Überlegungen in Südamerika angestellt werden, ist dem Umstand geschuldet, dass dort die alten indigenen Religionen wieder aufblühen und durch die sogenannte »Indigene Theologie« – ein Subprodukt der Befreiungstheologie[46] – Unterstützung finden. In einigen präkolumbianischen Religionen war man der Ansicht, dass der Mensch eins sei mit der Natur. So entwickelten sich Kulte wie etwa der der »Mutter Erde« (die »Pachamama«; Pacha = Erde, mama = Mutter). Die Nähe zur Gnosis, zum Animismus oder zum Pantheismus ist evident. Auch in Europa gewinnen seit Jahren solche Vorstellungen an Boden und zwar im Zuge des Erstarkens des Neuheidentums und der europäischen Naturreligionen.

Dass solche Vorstellungen in nicht allzu weiter Ferne in die öffentliche Debatte eingehen könnten, zeigt die Tatsache, dass sie im chilenischen Senat bereits im Rahmen einer Debatte zur geplanten Einführung von *Gender* in diversen Rechtsbereichen erörtert wurden.[47] Der linksalternative Senator Guido Girardi sagte: Dieses Projekt [gemeint ist *Gender-Mainstreaming*, Anm. d. Verf.] »wird uns in einigen Jahren erlauben, im Parlament unsere unauflöslichen Bindungen mit allen anderen Lebewesen zu diskutieren, von denen wir uns getrennt haben oder die wir als getrennte Sachen ansehen und die wir nicht als Teil der Natur ansehen.«

Kulturelle Rahmenbedingungen für das Entstehen der »Gender-Ideologie«

Die 68er-Revolution, der Feminismus, die *Queer-Theorie* usw. hätten wenig ausrichten können, wenn sie keine für sie günstigen kulturellen und moralischen Bedingungen vorgefunden hätten. Eine Ideologie wie *Gender* kann nur in einer Gesellschaft entstehen, in der die Sittlichkeit im Argen liegt und die Institutionen, welche diese Sittlichkeit aufrechterhalten – vor allem die Familie –, geschwächt sind.

Was die Sittlichkeit anbelangt, wurde oben schon geschildert, dass gleich nach dem Zweiten Weltkrieg – eigentlich schon vorher, doch nach dem Weltkrieg beschleunigte sich dieser Verfall rasant – ein Verfall der Sitten einsetzte, der im Laufe der Zeit immer neue Abgründe erreichte. Dieser Verfall begünstigte nicht nur die Verbreitung von Erotik durch die Massenmedien, sondern schwächte auch die Bereitschaft der Bürger, sich in der Öffentlichkeit gegen diese Entwicklung auszusprechen.

Einer der übelsten Aspekte dieser Entwicklung war, dass viele Menschen mehr und mehr gegenüber der

Tatsache unempfindlich wurden, dass auch die Kinder von der Sexwelle und der »sexuellen Revolution« betroffen wurden. Diese Behauptung soll hier anhand einiger Beispiele veranschaulicht werden.

Am 29. Juni 1999 veröffentlichte der »Heinrich-Bauer-Verlag«, der Herausgeber der Zeitschrift BRAVO, folgende Presseerklärung (Auszüge):

»*KidsVerbraucherAnalyse 1999: Die 6- bis 9-Jährigen, verspielte Konsumenten mit Vorliebe für Süßigkeiten:* Kids im Alter von sechs bis neun Jahren sind bereits heute ein bedeutender ›Wirtschaftsfaktor‹. (...) Kids und ihre Lieblingszeitschriften: Ca. 12 Prozent der Kids kaufen sich vom eigenen Taschengeld Zeitschriften. Dieser Wert weist auf ein hohes Interessenpotenzial und eine enge Bindung der Zielgruppe an ihre Printmedien hin. Entsprechend stellen sich die Reichweiten dar. (...) Während die klassischen Kinderzeitschriften wie ›Micky Maus‹, ›Junior‹, ›Benjamin Blümchen‹, ›Die Schlümpfe‹ und ›Die Maus‹ sowohl von Jungen als auch Mädchen sehr stark genutzt werden, so zeigt sich auf der anderen Seite schon in dieser jungen Altersgruppe eine geschlechtsspezifische Ausrichtung. Bei den Mädchen sind Titel wie ›Barbie‹, ›Wendy‹, ›Bibi Blocksberg‹ und auch schon die ›Bravo‹ stark.«

Um diese Pressemeldung adäquat einstufen zu können, muss in Erinnerung gerufen werden, dass

BRAVO jahrzehntelang die Kinder und die Jugendlichen in Deutschland mit erotischen oder gar obszönen Texten und Bildern versorgt hat. In der Rubrik »Dr. Sommer« wurden alle möglichen Sexualpraktiken im Detail geschildert. In anderen Rubriken ging es um das Intimleben von Jugendlichen – mit den entsprechenden Fotos. BRAVO sorgte routinemäßig für Skandale und Empörung.

Diese Pressemeldung zeigt, dass der Verlag auch die Kinder im Alter von sechs bis neun Jahren zur Zielgruppe zählte.

BRAVO ist in Deutschland einer der Hauptverantwortlichen für die Frühsexualisierung. Wenn heute Politiker der Ansicht sind, Kinder sollten mit sexuellen Inhalten schon ab dem ersten Grundschuljahr konfrontiert werden, so hat BRAVO erheblich dazu beigetragen, dass der herrschende Zeitgeist das akzeptiert.

BRAVO ging natürlich mit der Zeit und wurde immer extremer, sowohl im Zeigen nackter Haut als auch in den Texten.[48]

Mehr oder weniger haben alle Gattungen der Jugend- oder Pop-Kultur, also Fernsehen, Spielfilme, Musik usw., eine solche Entwicklung durchgemacht. Die Pop-Musik gab gewissermaßen die Richtung dieses Dekadenzprozesses vor. Zunächst durch das Aufkommen der sogenannten Video Clips im Fernsehen – vor allem in MTV oder VIVA und später durch das Internet – versuchten Pop-Musikerinnen immer mehr, durch nackte Haut und erotische Bewegungen die

64

Aufmerksamkeit der Zuschauer zu gewinnen. Inzwischen hat die moralische Verkommenheit ein Maß erreicht, das man aus Gründen des Anstandes nicht mehr beschreiben kann.[49][50]

Unter dem Vorwand, die Schulen müssten sich diesem Umstand anpassen, ist auch die Schulsexualerziehung immer extremer geworden und immer jüngere Kinder wurden in diese einbezogen. Im Rahmen der Debatte um die Bildungspläne wurden mehrere längere Berichte in wichtigen Tageszeitungen veröffentlicht, welche die aktuelle Methodik der Sexualkunde beschreiben. So Martin Voigt in der FAZ: »Tatsächlich gibt es reichbebilderte Aufklärungsbücher wie etwa Sielerts von Frank Ruprecht illustriertes ›Lisa und Jan‹ für Vier- bis Achtjährige, die sexuelle Handlungen von und zwischen Kindern zeigen und zur Nachahmung anregen. Kinder sollen – so im Begleitheft für Eltern zu lesen – die ›Lebensenergie‹ Sexualität ›tastend, sehend, fühlend, schmeckend und hörend erfahren‹. Für die Kleinen ist dann die Rede davon, dass ›Pimmel und Möse ineinandergesteckt werden können‹, was auch gut nachzuvollziehen ist, da eine Freundin von Lisa in der Zeichnung auf Seite 8 ihre nackten Beine weit auseinanderspreizt.«[51]

Birgit Kelle zählte in ihrer üblichen drastischen Art und Weise einige Inhalte mancher Sexualkundeprogramme auf: »Während die Medien blumige Vorstellungen von Toleranz haben, geht es in den Klassenzimmern der Republik um Dildos, Potenzmittel oder

Vaginalkugeln. (…) Wer hat sich in Berlin die Panto-
mime-Spiele ausgedacht, in denen Begriffe wie ›Dark-
room‹, ›zu früh kommen‹, ›Sadomaso‹ oder ›Porno‹
von Kindern dargestellt werden sollen, als lustige
Spieleinheit vor der ganzen Klasse?«[52]

Aus den Schriften der »Bundeszentrale für gesundheitliche Aufklärung« oder von »Pro Familia«, die in
der schulischen Sexualaufklärung verwendet werden,
könnte man endlos ähnliche Beispiele anführen.

Dass es so weit kommen konnte, ist auch der Tatsache geschuldet, dass der Widerstand der katholischen
Kirche in Deutschland gegen diese Entwicklung bes-
tenfalls halbherzig war. Es würde den Rahmen dieser
Schrift sprengen, die Gründe für dieses schwache Verhalten zu ergründen. Doch es kann festgehalten werden, dass auf diesen gigantischen Angriff auf die Moral und auf die christliche Anthropologie die Kirche
nicht angemessen reagiert hat.

Noch in den 1950er-Jahren zeigte sich die katholische Kirche viel entschlossener in der Verteidigung
der Moral. Berühmt ist der Kampf gegen den Film
»Die Sünderin« aus dem Jahr 1951 mit Hildegard
Knef. Etliche Bischöfe protestierten und forderten ein
Verbot der Aufführung.[53] Kardinal Joseph Frings von
Köln veröffentlichte dazu sogar einen Hirtenbrief. Er
schrieb: »Zu meinem großen Schmerz wird der be-
rüchtigte Film ›Die Sünderin‹ trotz aller Proteste zu-
ständiger Stellen nun auch in Köln, in der Metro-
pole unserer Erzdiözese, aufgeführt. Ich kann als

Oberhirte dazu nicht schweigen. Das öffentliche Ärgernis darf öffentlich nicht unwidersprochen bleiben. Es sollen wenigstens diejenigen, die noch ihre seelische Gesundheit sich bewahrt haben, die noch Sinn für Zucht, für Frauenwürde und Mädchenehre haben, wissen, dass die Kirche hinter ihnen steht und auch nichts unversucht lassen wird, um solche Herausforderung und öffentliche Verletzung des sittlichen Empfindens der christlichen Bevölkerung fürderhin unmöglich zu machen. Ich erwarte, dass unsere katholischen Männer und Frauen, erst recht unsere gesunde katholische Jugend in berechtigter Empörung und in christlicher Einmütigkeit die Lichtspieltheater meidet, die unter Missbrauch des Namens der Kunst eine Aufführung bringen, die auf eine Zersetzung der sittlichen Begriffe unseres christlichen Volkes hinauskommt. Ein Christ, der trotzdem diesen Film besucht, auch wenn er glaubt, es ohne unmittelbare Gefahr für seine persönliche sittliche Unversehrtheit tun zu können, gibt Ärgernis und macht sich mitschuldig an einer unverantwortlichen Verherrlichung des Bösen.«[54]

Stellungnahmen mit dieser Deutlichkeit und klaren Appellen an das Gewissen der Gläubigen gibt es seit Langem nicht mehr. Ganz im Gegenteil. Wie schon oben erklärt wurde, konnte die Enzyklika »Humanae vitae« nur eine sehr geringe Wirkung entfalten, weil das deutsche Episkopat in der »Königsteiner Erklärung« vom 30. August 1968 die lehramtliche Autorität des Schreibens praktisch aufgehoben hat. Die

»Königsteiner Erklärung« war im Grunde eine Kapitulation gegenüber der Sexwelle der 1960er-Jahre. Diese Schwäche ist immer größer geworden. Inzwischen trauen sich manche Bischöfe nicht einmal, die Homosexualität als Sünde zu bezeichnen. Dieses Wort solle gemieden werden, weil es verletzend sei, so Bischof Heiner Koch von Dresden-Meißen (seit 8. Juni 2015 Erzbischof von Berlin): »Homosexualität als Sünde darzustellen, ist verletzend. Die Kirche braucht eine andere Sprache, wenn es um Homosexuelle geht. Wichtig ist vor allem ein gutes Miteinander vor Ort in den Pfarreien.«[55] Ähnliche Aussagen machte auch Kardinal Reinhard Marx von München-Freising mehrmals im Vorfeld der Familiensynode im Vatikan im Herbst 2015.[56]

Aber das ist noch längst nicht alles. Gruppen von sogenannten »Reformkatholiken« wie etwa »Wir sind Kirche«[57] und etliche Theologen fordern die Einführung von *Gender* und *Gender-Mainstreaming* in katholischen Einrichtungen. So schreibt Konrad Hilpert, emeritierter Professor für Fundamentaltheologie an der Katholisch-Theologischen Fakultät der Universität München: »(Es wäre) evident ungerecht, gleichgeschlechtliche Partner von einem öffentlich anerkannten Institut, in dem der Wille zur dauerhaften Verbundenheit und die gegenseitigen Beistandspflichten geregelt sind [also die sogenannten gleichgeschlechtlichen Lebenspartnerschaften gem. dem Lebenspartnerschaftsgesetz, Anm. d. Verf.], prinzipiell und auf

Dauer auszuschließen.«[58] Auch für andere Beziehungsformen empfiehlt er Regelungen: »(...) am Institut der Ehe festzuhalten, zusätzlich weitere Institute öffentlich geregelter Partnerschaften zu schaffen, die der Ehe in relevanten Regelungshinsichten ähnlich sind.«[59] Hermann Häring, ehemaliger Professor für systematische Theologie in Nijmegen (Niederlande), plädiert für eine völlig neue Sicht der katholischen Kirche auf die Sexualität: »Diese humanisierte Sexualität befreit die menschliche Liebe insgesamt auch von der Festlegung auf bestimmte Arten und Bedingungen sexuellen Verhaltens, wenn es denn ganzmenschlich, treu und wirklich partnerschaftlich vollzogen wird.«[60]

In den katholischen Jugendverbänden werden *Gender* und *Gender-Mainstreaming* schon in die Praxis umgesetzt. Die »Katholische junge Gemeinde« (KjG) hat 2014 in ihrer Herbstsitzung den Beschluss »Sexuelle Vielfalt« angenommen. Die Begründung ist in der feministisch-queeren Schreibweise verfasst: »Auch zu und in der KjG gehören homo-, bisexuelle, trans* oder queer*e junge Menschen. (...) Die Probleme, Wünsche und Unsicherheiten der homo-/bisexuellen/trans*/ queer*en KjGler*innen in unserem Verband sind also die Probleme, Wünsche und Unsicherheiten der gesamten KjG, mit denen wir uns beschäftigen und die wir in der Öffentlichkeit bekannt machen. Mit der Unterstützung der Initiative KjGay [Homosexuelle in der ›Katholischen jungen Gemeinde‹, Anm. d. Verf.]

leistet die KjG seit 2002 einen Beitrag. (...) Die KjGay gehört als Initiative zur KjG und ist für die Mitglieder auf allen Ebenen ansprechbar.«

Das Sternchen wird in der sogenannten gender-gerechten Sprache verwendet und bedeutet, dass alle möglichen sexuellen Orientierungen gemeint sind. Unter diesen Umständen wird man sich kaum noch wundern, wenn der oben schon genannte Uwe Sielert eine Referenz für die KjG ist: »Der Sexualpädagoge Uwe Sielert fasst in seiner Definition Quellen, Ausdrucksformen und den Sinn der Sexualität folgendermaßen zusammen: ›Sexualität kann somit begriffen werden als allgemeine Lebensenergie, die sich des Körpers bedient, aus vielfältigen Quellen gespeist wird (körperlichen, gesellschaftlichen, sexuellen und nichtsexuellen), ganz unterschiedliche Ausdrucksformen kennt (von der Genitalität über die Zärtlichkeit, Leidenschaft, Erotik, Geborgenheit bis zur Geilheit und allen aggressiven oder gewaltsamen Beimischungen) und in verschiedenster Hinsicht sinnvoll sein kann (Identitäts-, Beziehungs-, Lust- und Fruchtbarkeitsaspekt).‹«[61]

Keineswegs muss die KjG für solche Positionierungen Kritik oder Ausgrenzung befürchten. Ganz im Gegenteil. Sie wird kräftig unterstützt. Die Bundesstelle der »Katholischen jungen Gemeinde« in Düsseldorf gewann im Jahr 2013 den ersten Preis im Wettbewerb »jungenwelten«, der von der Arbeitsstelle für Jugendseelsorge der Deutschen Bischofskonferenz (afj) und der Kirchlichen Arbeitsstelle für Männerseelsorge und Männerarbeit in den deutschen Diözesen verliehen wird.[62] Den Preis erhielt die KjG für die Arbeitshilfe »Raus aus deinem Käfig! Arbeitshilfe für Jungen- und Männerarbeit«.

Der »Bund der Deutschen Katholischen Jugend« (BDKJ), also der wichtigste Dachverband der katholischen Kinder- und Jugendverbände in Deutschland, hat schon im Jahr 2002 das Grundsatzpapier »Gender-Mainstreaming, ein neuer Impuls für den BDKJ«, verabschiedet.[63] Das Dokument ist für heutige Verhältnisse relativ moderat, dennoch wird die übliche Definition von *Gender* als Leitkonzept verwendet: »Gender bezeichnet im Englischen das soziale Geschlecht, im Unterschied zu ›sex‹, was sich auf das biologische Geschlecht bezieht. Gender meint also die sozialkulturellen Geschlechterrollen, die sich im Lauf der Zeit verändern und in unterschiedlichen Gesellschaften und Kulturen verschiedene Ausprägung haben.« Ist diese Definition erst mal in den Grundprinzipien verankert, kann der Anwendungsbereich der *Gender-Ideologie* immer mehr ausgeweitet werden. So wird im Positionspapier »Unsere Kirche« die Sexualmoral komplett abgelehnt und dafür Homosexualität positiv angesehen: »Mit der Sexualmoral der Kirche können junge Menschen nichts anfangen: Sie wird als weltfremd und von Angst und Enge beherrscht empfunden. Verhütung ist für junge Menschen nicht Sünde, sondern Verantwortung für den Partner oder die

Partnerin. Einvernehmlicher, verantwortungsvoller Sex vor der Ehe und Homosexualität ist für sie nicht Sünde, sondern Liebe.«[64] Im Jahr 2014 befürwortete der BDKJ des Erzbistums Freiburg die Einführung des Leitprinzips »Akzeptanz sexueller Vielfalt« und kritisierte die Proteste gegen den Bildungsplan 2015 der Landesregierung Kretschmann.[65] Der BDKJ in der Diözese Rottenburg-Stuttgart geht noch weiter und übernimmt praktisch die gesamte Gender-Ideologie als Leitbild für seine Arbeit: »Kein Mensch ›erlernt‹ seine sexuelle Orientierung. Doch was Menschen lernen können, ist ein Verständnis für die Vielfalt möglicher Lebensentwürfe – ob nun hetero-, homo-, bi- oder transsexuell. Daher sei es wichtig, dass die heranwachsende Generation für dieses Thema sensibilisiert wird.«[66]

Auch in andere kirchliche Organisationen ist die Gender-Ideologie eingedrungen. Die Caritas befürwortet Gender ausdrücklich[67] und hat schon eine Gender-Beauftragte.[68] In einigen Bistümern gibt es Gender sogar schon in den Kindertagesstätten der Caritas.[69]

Das Eindringen der Gender-Ideologie in Gremien der katholischen Kirche geschah so leise und vorsichtig, dass wenige überhaupt davon wissen. Aber eines ist klar: Seit mehreren Jahren findet diese Unterwanderung statt. Aus diesem Grund ist es auch nicht erstaunlich, dass von der katholischen Kirche in Deutschland wenig Widerstand gegen Gender kommt. Man müsste bei sich selbst anfangen, in den eigenen Gremien und Verbänden.

In der Evangelischen Kirche in Deutschland (EKD) besitzt *Gender* seit Langem einen hohen Stellenwert und ist Leitprinzip kirchlicher Tätigkeit.[70][71] Das Prüfkriterium *Gender-Gerechtigkeit* wurde für die Grundsätze der mittelfristigen Finanzplanung im Jahr 2005 vom Rat der EKD einführt.[72] Das Pfarrdienstgesetz der EKD vom Jahr 2010 hat bewusst einen schwammigen Familienbegriff gewählt, in welchem Kinder nicht mehr konstitutiv sind.[73] Im Dezember 2012 hat der Rat der EKD die Errichtung eines »Studienzentrums für Genderfragen in Kirche und Theologie« beschlossen.[74] Ziel dieses Studienzentrums ist die Entfaltung einer »geschlechtsbewussten Theologie«.[75] Auf der Ebene der Landeskirchen wird die systematische Durchsetzung von *Gender* in den Kirchenalltag seit Jahren vorangetrieben.[76]

Eine (katholische wie auch evangelische) theologische Richtung, die sich in den letzten Jahren stark der *Gender-Ideologie* geöffnet hat, ist die »Feministische Theologie«. Diese Theologie ist gewissermaßen die feministische Version der Befreiungstheologie,[77] auf deren schwerwiegende Irrtümer im Jahr 1984 Kardinal Joseph Ratzinger, damaliger Präfekt der Glaubenskongregation, in der Instruktion »Libertatis Nuntius« hingewiesen hat.[78] Die katholische feministische Theologie strebte lange das Ziel an, Frauen zur Priesterordination zuzulassen. Dieses Ansinnen wurde im Jahr 1994 nach der Promulgation des Apostolischen Schreibens »Ordinatio sacerdotalis«,[79] in welchem »ex cathedra« entschieden wurde, die Priesterweihe sei nur Männern vorbehalten, kaum noch verfolgt. Die sogenannte »Emanzipation« blieb aber im Fokus dieser Theologie. Manche Strömungen dieser Theologie erweiterten – wie der Feminismus generell – das Interessenspektrum, wodurch auch *Gender* hinzukam. Die radikalsten Vertreter dieser Theologie finden sich heute in Südamerika, wo inzwischen eine »öko-feministische Theologie« entstanden ist.[80] Laut dieser Strömung müssen die Bibel und der »Schöpfungsmythos« des Buches Genesis dekonstruiert und aus einer feministischen Perspektive interpretiert werden.[81] [82]

Ebenfalls ein Subprodukt der Befreiungstheologie und in naher Verwandtschaft mit der *Gender-Ideologie* ist die sogenannte *Queer-Theologie* (mit den Unterkategorien Schwulen-Theologie und Lesben-Theologie). In dieser Perspektive unternehmen Homosexuelle und sonstige LSBTIQ-Gruppen einen Klassenkampf gegen die herrschende Schicht, in diesem Falle gegen die »Heterosexuellen«.[83] Diese Theologie braucht nur das Wort »Homosexuelle« durch »LSBTIQ-Personen« zu ersetzen, um zur theologischen Version der *Gender-Ideologie* zu werden.

Die Bildung einer LSBTI-Graswurzelbewegung und -Lobby

Für die Etablierung der *Gender-Ideologie* in der Gesellschaft reicht es natürlich nicht aus, dass es Akademiker wie Judith Butler gibt, die eine Ideologie entwerfen. Ebenso reicht es nicht, dass die Medien erotisierte Inhalte oder Pornografie verbreiten.

Ohne die Arbeit von Aktivisten und Propagandisten, ohne die Verbreitung durch Presse, Fernsehen und sonstige Medien kann sich eine Ideologie in der öffentlichen Meinung nicht durchsetzen.

Die Erfolge, die die *Gender-Ideologie* in dieser Hinsicht dabei ist, zu erzielen, wären undenkbar, wenn die Homosexuellen-Bewegung und später die »Lesben-, Schwulen,- Bisexuellen-, Transgender-, Intersexuellen-Gruppen« (LSBTI) nicht zuvor eine ausgedehnte und effiziente Basis- und Lobbyarbeit durchgeführt hätten.[84]

Wie schon mehrmals angedeutet wurde, hätte die *Gender-Ideologie* niemals eine reale Chance gehabt, Aufmerksamkeit zu finden, wenn Lobbygruppen von Homosexuellen und die mit ihnen verbundenen

Medien und Parteien nicht zuvor das Gelände vorbereitet hätten. Von langer Hand bereiteten Homosexuellen-Gruppen die Einführung einer gleichgeschlechtlichen Lebenspartnerschaft vor. Damit wurde ein erstes eheähnliches Institut geschaffen, das den privilegierten Status der Ehe relativierte. Nach der Einführung des Lebenspartnerschaftsgesetzes (LPartG) im Jahr 2001 wurden die Rechte der Homosexuellen nach der Salamitaktik immer mehr ausgeweitet, bis der Unterschied zwischen einer Lebenspartnerschaft und der traditionellen Ehe kaum noch vorhanden war.

Parallel wurden homosexuelle Lebensweisen in mannigfaltiger Form in der Gesellschaft hoffähig gemacht – Medien, Fernsehserien, Talkshows, CSD-Paraden, Besuche von Aktivistengruppen in Schulen usw. Dies geschah nicht, ohne zuvor eine Meinungsmaschinerie einzurichten, die sämtliche konträren Positionen als homophob, fundamentalistisch, rechtskonservativ oder gar rechtsradikal verleumdete. Wer sich gegen die politischen Forderungen der Homosexuellen-Bewegung in der Öffentlichkeit aussprach, musste viel Mut haben und sich auf heftige Attacken gefasst machen.

Nach den ersten Erfolgen auf legislativer Ebene begann die Einführung von Schulprogrammen unter dem Vorwand der »Erziehung zur Toleranz« oder des »Kampfes gegen Diskriminierung«. So begannen organisierte Homosexuelle, Schulen zu besuchen, um homosexuelle Lebensweisen zu erläutern.

All diese Initiativen wurden von der großen Mehrheit der Medien positiv begleitet. Wer Kritik übte, bekam prompt die Homophobie-Keule zu spüren.[85] Langsam kamen neben der Homosexualität weitere »sexuelle Orientierungen« zu dieser Kampagne hinzu. Zunächst waren es die Transvestiten, später die Bisexuellen, die Intersexuellen, die Omnisexuellen usw. Inzwischen wird kaum noch zwischen »sexuellen Orientierungen« unterschieden, sondern schlicht von »sexueller Vielfalt« gesprochen.

In der Fachliteratur wurde von Anfang an deutlich gemacht, dass der Kampf um sogenannte Homo-Rechte (in Wahrheit sind es ungerechtfertigte Privilegien) zum Ziel hatte, die »sexuelle Vielfalt« und die *Gender-Ideologie* in die Gesellschaft einzuführen.

Auf der Ebene der Basisbewegungen sind bis heute die Homosexuellen-Gruppen die aktivsten, denn nur sie sind zahlenmäßig relevant und dementsprechend in der Lage, in der Öffentlichkeit politische Forderungen zu stellen. Als das Thema »sexuelle Vielfalt« in der Öffentlichkeit aufkam, beispielsweise in Baden-Württemberg im Rahmen der Debatten um den »Bildungsplan 2015« und später im Rahmen der Bildungspläne in Niedersachsen und Schleswig-Holstein, waren es die Homosexuellen-Gruppen, die sich am lautesten für die »Akzeptanz sexueller Vielfalt« einsetzten. Reibungslos haben sie ihren Missionsauftrag im Laufe der Jahre geändert und sind zu Aktivisten neuer sexueller Minderheiten geworden.

Nur die Pädophilen scheinen noch einsam für sich allein kämpfen zu müssen. Aber wie lange noch? Kann eine Gesellschaft, die dabei ist, sämtliche ethischen Normen hinsichtlich der Sexualität niederzureißen, bei der Pädophilie und nur bei dieser haltmachen?[86]

»Gender« in der Pädagogik

Im Lehrermanual LIZA für die 8. und 9. Jahrgangs-
stufe des Bayerischen Staatsministeriums für Unterricht und Kultus und des Bayerischen Staatsministeriums für Umwelt, Gesundheit und Verbraucherschutz aus dem Jahr 2004 wird folgende Empfehlung
abgegeben: »In dieser Unterrichtseinheit geht es darum, den Schülern aufzuzeigen, dass es in unserer
Gesellschaft vielfältige Lebensformen und verschiedene sexuelle Identitäten gibt. (…) Für diese Unterrichtseinheit ist es zweckmäßig, sich mit Schwulen-
und Lesbenorganisationen am Ort oder aus der
nächstgrößeren Stadt in Verbindung zu setzen und
gegebenenfalls je einen Schwulen oder eine Lesbe ein-
zuladen. Falls Sie keinen Homosexuellen persönlich
in die Klasse einladen (können), ermöglicht diese Einheit eine Alternative, das Thema dennoch zu bearbei-
ten.«[87]

Dieses Beispiel stammt aus der Zeit, als man begann, die *Gender-Ideologie* in den Schulen einzuführen.
Damals geschah das noch unter dem Vorwand, die
Krankheit AIDS zu bekämpfen (LIZA steht für »Liebe in Zeiten von AIDS«). Sicherlich ist es gut, zu er-
klären, wie man sich vor einer Krankheit schützt.

Doch im Beispiel wird klar, dass man viel mehr will: die Durchsetzung einer Ideologie in den Schulen.

Man könnte diese Einschätzung für übertrieben halten, denn in LIZA wurde sexuelle Vielfalt nur am Rande erwähnt. Was aber mit Andeutungen begann, wurde immer deutlicher und ausführlicher. So plädiert die »LAG Mädchenpolitik Baden-Württemberg e. V.«, vom Ministerium für Arbeit und Sozialordnung, Familien, Frauen und Senioren Baden-Württemberg finanziell unterstützt, offen für die Implementierung einer Pädagogik der Dekonstruktion der Geschlechter in den Schulen: »Dekonstruktive Perspektiven im Zusammenhang der Geschlechterforschung gehen dagegen davon aus, dass es keine ›eigentliche‹ Wahrheit hinter den vielfältigen Sprechweisen, Erfahrungen und Deutungen eines Begriffs (›Frau‹, ›Weiblichkeit‹, ›Geschlecht‹ z. B.) gibt. Die bezeichneten Phänomene ›Frau‹ oder ›Mann‹ werden durch die jeweiligen Deutungen und Bedeutungen erst konstruiert. Dekonstruktion richtet den Blick auf implizite Annahmen und Wertungen. Damit soll freigelegt werden, was ausgeschlossen, verdrängt oder nicht gedacht wird. (...) Dekonstruktion zeigt also auf, dass Zweigeschlechtlichkeit keine Naturtatsache ist, sondern eine soziale ›Vereinbarung‹, die aber die allgemeine Voraussetzung unseres (auch wissenschaftlichen) Denkens und Handelns ist.« Die Schlussfolgerung dieser Überlegungen ist: »Die Auseinandersetzung mit Dekonstruktion nützt Mädchenarbeit und Jungenarbeit, indem die Kategorie ›Sex‹ hinterfragbar wird.«[88]

Bleiben wir in Baden-Württemberg und schreiten wir zum Jahr 2013 voran. In der Arbeitshilfe »Gleichstellung beginnt im Kindergarten. Eine Arbeitshilfe zur Umsetzung von Gender-Mainstreaming in Kindertageseinrichtungen«, herausgegeben vom Ministerium für Arbeit und Sozialordnung, Familien und Senioren Baden-Württemberg, lesen wir Sätze wie: »Bei der Auswahl und Zusammenstellung von Spielmaterialien wird darauf geachtet, dass Geschlechtsrollenstereotypen aktiv und bewusst entgegengewirkt wird.«[89] Diese »Geschlechtsrollenstereotypen« können die dreijährigen Kinder ja nur zu Hause bei den Eltern gelernt haben. Das Papier des Landesministeriums setzt also stillschweigend voraus, dass man die Ansichten der Eltern ignorieren kann und man sich nur nach den Richtlinien der *Gender-Ideologie* orientieren muss. Wie das konkret geschehen soll, wird im Detail beschrieben: »Geänderte Spiele unterstützen Einverständnis abseits der traditionellen Rollen. Buben lernen zum Beispiel wickeln und nicht nur Garagen bauen, Mädchen bauen Hochhäuser und nicht nur Puppenbetten und sie lernen, ihre Interessen durchzusetzen.«[90]

Das Ziel der Arbeitshilfe ist, bei den Betreuern ein Bewusstsein zu wecken, dass Erziehung nach dem Grundsatz der *Gender-Ideologie* zu erfolgen hat: »Der Reflexionshintergrund für *Gender-Kompetenz* ist das

Wissen darum, dass Geschlechterverhalten und Geschlechterverhältnisse ›gemacht‹ und nicht einfach ›natürlich‹ sind.«[91]

Nach diesen drei Beispielen wollen wir der Frage nachgehen, wie diese Ideologie überhaupt in die Schulen kam. Wer hat die pädagogischen Konzepte entwickelt, damit sie dort eingeführt werden konnten?

Um diese Fragen zu beantworten, müssen wir uns mit der sogenannten »dekonstruktiven Pädagogik« auseinandersetzen.

Was strebt diese Pädagogik an? Die »dekonstruktive Pädagogik« unterwirft sämtliche grundlegenden Denkmodelle der Moderne wie Vernunft, Subjekt, Identität, Einheit, Emanzipation oder Fortschritt einer radikalen Kritik bis hin zur Verneinung der Existenz dieser Begriffe. Die Verwandtschaft mit den pädagogischen Konzepten der im Zuge der 1968er-Bewegung entstandenen »Neuen Linken« ist evident.

Kernanliegen der 68er-Pädagogik ist, die herrschenden »Machtstrukturen« aufzuzeigen (Stichwort: »Kritische Theorie«) und zu zerstören. Dies soll vor allem durch die Aushebelung der Normen geschehen, nach denen die Menschen ihre Weltanschauung bilden und ihr Leben gestalten. Diesen umfassenden Umerziehungsplan hat ausführlich der deutsch-österreichische Erziehungswissenschaftler Wolfgang Brezinka beschrieben: »Die Erziehung ist (für die »Neue Linke«) nichts anderes als ein Mittel zur Formung jenes Menschentyps, der von der Neuen Linken gebraucht wird, damit sie im Kampf um die Macht Erfolg haben kann.«[92] Hinsichtlich des Geschlechtslebens war das Hauptziel der Neuen Linken, die Ehefähigkeit der Jugend zu zerstören, wie es schon Wilhelm Reich formuliert hat. Brezinka:»Die Neue Linke betrachtet die Bindungen, denen die Menschen in der Ehe und in der Familie unterliegen, als ›Zwang‹, der ›so weit wie möglich‹ abzubauen ist. Sie greift damit bekannte individualistische und rationalistische Ideen des frühen Sozialismus wieder auf: die leichte Lösung der Ehe, die Übergabe der Kinder an die ›Gesellschaft‹, die Beseitigung der privaten Hauswirtschaft und die Eingliederung der Frau in den außerhäuslichen Arbeitsprozess.«[93] Was ist nun das Endziel dieser revolutionären Pädagogik? Brezinka:»Die so verstandene ›emanzipierte Persönlichkeit‹ ist ein individualistisch-anarchistisches Ideal. (…) Es fordert um der Freiheit des Individuums willen zur Auflehnung gegen ›überflüssige soziale Repression‹ auf. Das bedeutet nicht nur Auflehnung gegen Institutionen und Personen, von denen man äußerlich abhängt, sondern auch gegen ›die Gemeinschaft in uns‹, d. h., gegen die Glaubensüberzeugungen und Normen, die der Mensch aus seiner Gesellschaft und im Gewissen verinnerlicht hat.«[94] Um dieses Ziel zu erreichen, wurden Techniken entwickelt, die man als »dekonstruktive Pädagogik« bezeichnet. In Wahrheit ist es also gar keine Pädagogik, sondern eine Dekonstruktion, was wiederum nichts anderes als ein wissenschaftlich klingendes

Wort für Destruktion oder Zerstörung ist. In Wahrheit geht es hier um die Zerstörung der menschlichen Persönlichkeit und um nichts anderes.

Diese Pädagogik stellt die Grundlagen der westlichen Zivilisation infrage und erstrebt eine totale Loslösung des Menschen von sämtlichen Denkkategorien, Prinzipien und Werten, die auf die christlichabendländische Zivilisation zurückzuführen sind. So ist die »dekonstruktive Pädagogik« Teil der umfassenden Kulturrevolution, die heutzutage dabei ist, Mentalitäten, Gewohnheiten, Sitten usw. zu verändern.

Was den Begriff »Geschlecht« anbelangt, geht die »dekonstruktive Pädagogik« davon aus, dass er zur Aufrechterhaltung einer »repressiven Welt« dient und deshalb aus den Mentalitäten der Schüler entfernt werden muss.

So schreibt Helga Bilden: »Der Identitätsbegriff bezeichnet die Nahtstelle zwischen Individuum und Gesellschaft. Identität meint die Beziehung des Einzelnen zu sich selbst auf dem Hintergrund seiner Position im sozialen Gefüge. (…) Identitäten – auch Geschlechtsidentitäten – sind nicht klar, eindeutig und selbstverständlich, wie sie es früher zu sein schienen. Sie müssen neu gedacht werden: kontingent, fluid, nur zeitweise fixiert.«[95] Bilden führt weiter aus, dass das Kind zunächst kein Bewusstsein über sein Geschlecht hat, aber früher oder später ihm dieses von der Gesellschaft aufoktroyiert wird, was wiederum zu einer Geschlechtspolarisierung und zu einer

84

Hierarchisierung führt, die überwunden werden müssen. Interessant an diesem Zitat ist, dass ein direkter Zusammenhang zwischen Bewusstsein der eigenen Identität und der eigenen Sexualität hergestellt wird: Weil das Geschlecht nicht eindeutig definiert ist, kann auch die Identität nicht eindeutig definiert sein.

Eine weitere Exponentin der »dekonstruktiven Pädagogik« ist Jutta Hartmann: »Geschlecht, Sexualität und Lebensform als gänzlich gesellschaftlich hervorgebracht begreifend, arbeite ich eine Vorstellung von Handlungsfähigkeit heraus, die die Möglichkeit bewusster Aktivität gegenüber Normen und ein Neuentwerfen von Existenz- und Lebensweisen beinhaltet.« Das alles soll aber keine reine Theorie bleiben, sondern in der Erziehung der Schüler angewandt werden: »Ein zentrales Ziel meiner Arbeit ist es, den Raum in Pädagogik und Erziehungswissenschaften dafür zu vergrößern, eine Vielfalt an Existenz- und Lebensweisen gleichwertig aufzugreifen und zu ermöglichen. Eine Voraussetzung dafür liegt darin, Konstruktionsmechanismen, die diesen Raum erweitern oder einschränken, zu erkennen.«[96]

Diese theoretischen Konstrukte wären allerdings nichts wert, wenn sie nicht in die Erziehungspraxis eingehen würden. Im nächsten Kapitel soll gezeigt werden, wie das geschehen soll.

Die Implementierung von »Gender«
in den Schulen

Der großen Mehrheit der Bevölkerung wurde bekannt, in welchem Ausmaß die *Gender-Ideologie* in die Schulen eingeführt werden sollte, nachdem Einzelheiten über den »Bildungsplan 2015« in Baden-Württemberg in die Öffentlichkeit durchsickerten. Das geschah im Jahr 2013, doch das Vorhaben war wesentlich älter. Deutliche Referenzen auf *Gender* gab es schon lange vorher in Positionspapieren und sonstigen Dokumenten aus dem politischen Betrieb.

So heißt es etwa im Antrag »Für einen nationalen Aktionsplan gegen Homophobie« (Deutscher Bundestag, Drucksache 16/13394) diverser Bundestagsabgeordneter der Grünen und weiterer Parteien: »Der Bundestag fordert die Bundesregierung auf: bei den Bundesländern dafür zu werben, dass *Lehrpläne in den Schulen* um Themen wie die Vielfalt sexueller Identitäten und Lebensweisen, die Geschichte Homosexueller in Deutschland und Menschenrechtsbildung auch in Bezug auf Lesben, Schwule, Bisexuelle, trans- oder intersexuelle Menschen erweitert werden (...) bei den Bundesländern dafür zu werben, dass Themen wie Diversity, Antidiskriminierung, Homophobie,

Akzeptanz unterschiedlicher sexueller Identitäten und Lebensweisen verbindlich in die Aus- oder Fortbildung von Pädagoginnen und Pädagogen, (Schul-) Psychologinnen und Psychologen, Sozialarbeiterinnen und Sozialarbeitern, Erzieherinnen und Erziehern sowie von in Jugendarbeit und Jugendhilfe Beschäftigten integriert werden.«[97]

Eine Schlüsselposition in der Erarbeitung und Durchführung der deutschen Schulpläne in Deutschland hat die »Gesellschaft für Sexualpädagogik«, GSP, und ihr Mitgründer und Vorstand Uwe Sielert, Professor für Pädagogik in Kiel. Sielert selbst ist ein geistiger Nachfolger von Helmut Kentler, von dem hier schon mehrmals die Rede war.[98] Praktisch alle entscheidenden Personen, die sich für die Einführung von *Gender* und für eine ultra-liberale Schulsexualerziehung in der Praxis einsetzten, stehen mit der GPS und Sielert in Verbindung.

Sielert schreibt: »Wie kann eine Sexualpädagogik der Vielfalt [also *Gender*, Anm. d. Verf.] grundsätzlich aussehen, die Menschen darin begleitet, eine selbstreflexive sexuelle Identität jenseits von festgelegten Mustern sexueller Orientierung oder Geschlechtsrollen ausbilden? Anknüpfend an die Tradition emanzipatorischer Sexualpädagogik [also Helmut Kentlers Ansatz, Anm. d. Verf.], die wie alle kritische Pädagogik gegen Ausgrenzung und Benachteiligung von Personengruppen arbeitet, die nicht der dominanten Kultur entsprechen, kann eine Sexualpädagogik der

Vielfalt noch einen Schritt weitergehen. Dekonstruktives Denken legt nahe, dass es nicht reicht, diskriminierten Gruppen die Veröffentlichung und Durchsetzung ihrer legitimen Interessen zu ermöglichen oder ihnen pädagogisch zur Seite zu stehen. Schon die Einteilung in bestimmte Kategorien und Gruppen selbst bedeutet eine machtvolle Verweigerung ganz vielfältiger Lebensweisen [was im Grunde Judith Butlers Denkansatz ist, Anm. d. Verf.].«[99]

Dieses lange Zitat ist deshalb so instruktiv, weil es knapp den inneren Zusammenhang zwischen den verschiedenen Phasen der Sexualerziehung wiedergibt. Durch eine Metamorphose wandelte sich die »emanzipatorische Sexualpädagogik« zunächst in eine »Antidiskriminierungsarbeit« oder eine »Toleranzpädagogik« und schließlich in eine »Sexualpädagogik der Vielfalt« um. Doch schon bei der Einführung von Programmen gegen Diskriminierung von Homosexuellen in den Schulen war klar, dass man viel mehr erreichen wollte, als bloß das Mobbing von Homosexuellen in den Schulen zu beenden.

Besonders deutlich wird das in der Schrift des schon oben erwähnten Stefan Timmermanns. In seiner Evaluation schwul-lesbischer Aufklärungsprojekte in Schulen: »Keine Angst, die beißen nicht!«, aus dem Jahr 2003, wird die Arbeit von Homosexuellen-Gruppen analysiert und bewertet, die in Nordrhein-Westfalen Schulen besucht und für die Homosexualität geworben haben. Das Buch ist eine Dissertation und die erste wissenschaftliche Untersuchung über die Effektivität der Aufklärungsarbeit. Timmermanns, Gründer und mehrere Jahre ehrenamtlicher Mitarbeiter im »Schwul-Lesbischen Aufklärungsprojekt« in Bonn (SchLAu Bonn),[100] schreibt dort: »Echte Gleichberechtigung [also Akzeptanz der Homosexualität, Anm. d. Verf.] kann demnach nur erreicht werden, wenn der Mechanismus der Diskriminierung an seiner Wurzel ausgehebelt wird. Für die Diskriminierung aufgrund der sexuellen Orientierung heißt das, dass die Bedeutung, die dem Geschlechtsunterschied bei der Auswahl der Sexualpartner(innen) beigemessen wird, zugunsten der Gemeinsamkeiten zwischen gleich- und gegengeschlechtlicher Liebe und Sexualität in den Hintergrund gerückt werden muss. Damit verbindet sich m. E. die Forderung, das Geschlecht überhaupt nicht mehr wahrzunehmen, lediglich die Bedeutung, die ihm beigemessen wird, sollte verschoben werden. (...) Ein solcher Perspektivwechsel muss zusätzlich mit einer Relativierung der Kategorien sexueller Orientierung sowie der Kategorien der Geschlechter einhergehen. Denn die scheinbare Eindeutigkeit konstruierter Systeme, die die Menschen entweder in ›Männer‹ oder ›Frauen‹ bzw. ›Hetero‹- oder ›Homosexuelle‹ einteilen, ist die Grundlage eines binären, biologistischen, essentialistischen, fundamentalistischen und totalitären Denkens, das die Welt nur in Polaritäten wahrnehmen will und kann. (...) In letzter Konsequenz läuft diese Perspektive auf eine moralische Unterscheidung in ›Gut‹ und ›Böse‹ hinaus.«[101]

An diesem Zitat wird mehr als deutlich, dass der Kampf gegen eine angeblich grassierende Feindschaft gegen Homosexuelle in den Schulen von vornherein die Absicht hatte, eine völlig neue und radikale Ideologie einzuführen – die *Gender-Ideologie*.

Dass dies über den Weg einer Dekonstruktion des Begriffes Geschlecht geschehen sollte, war auch schon ausgemacht: »Um ein gleichberechtigtes Miteinander unterschiedlicher Seins- und Lebensformen zu gewährleisten, müssen die Kategorien der Geschlechtsidentitäten und der sexuellen Orientierungen relativiert und ihre Künstlichkeit verdeutlicht werden. Genau hier könnte die Dekonstruktion ansetzen.«[102]

Bis jetzt wurde die Theorie behandelt. Wie soll diese nun in der Praxis durchgeführt werden?

Stefan Timmermanns ist zusammen mit Elisabeth Tuider, Professorin für »Soziologie der Diversität unter besonderer Berücksichtigung der Dimension Gender«,[103] Co-Autor des Buches »Sexualpädagogik der Vielfalt: Praxismethoden zu Identitäten, Beziehungen, Körper und Prävention für Schule und Jugendarbeit«.

Dieses Buch erschien 2008 und wurde wenig beachtet, bis eben die Proteste gegen den »Bildungsplan 2015« vielen die Augen öffneten und ihnen klar wurde, was »Akzeptanz sexueller Vielfalt« überhaupt bedeutet. Das Buch enthält Rollenspiele für alle Altersgruppen. In diesen sollen die Kinder lernen, sich in

Situationen anderer Menschen hineinzuversetzen: Homosexuelle, Transsexuelle, Sadisten usw.

Das Buch provozierte bundesweite Empörung. Besonders ein Rollenspiel kam immer wieder in die Schlagzeilen:»Puff für alle« ist sein Name. Selbst die nicht gerade rechtskonservative»Süddeutsche Zeitung« schrieb dazu:»Achtung, keine Satire. Sondern: eine völlig ernst gemeinte praktische Übung für den Sexualkundeunterricht, wie sie ein erfahrenes Autorenteam aus Professoren und Pädagogen für 15-jährige Schüler vorschlägt – Überschrift: ›Der neue Puff für alle‹. Aufgabe: Ein Bordell in der Großstadt soll modernisiert werden, das als ›Freudenhaus der sexuellen Lebenslust‹ alle Bedürfnisse bedienen soll. Allerlei sei zu bedenken, heißt es in der Aufgabenstellung, ›verschiedene Lebensweisen und verschiedene sexuelle Praktiken und Präferenzen‹. Es mache schließlich einen Unterschied, ob eine Prostituierte ganz konventionell einen weißen heterosexuellen Mann bedienen wolle oder Frauen mit muslimischer (oder katholischer) Religionszugehörigkeit oder Trans-Frauen, die zugleich lesbisch sind. (...) Und noch ein Tipp an die Lehrer: ›Jugendliche brauchen bei dieser Übung die Ermunterung, Sexualität sehr vielseitig zu denken.‹ Diskutiert werden sollte zudem eine wichtige Frage: ›Brauchen asexuelle Menschen überhaupt einen Puff?‹ Wer das alles für erfunden hält, kann es selber nachlesen bei Elisabeth Tuider u. a., ›Sexualpädagogik der Vielfalt‹ [Ausgabe 2012, Anm. d. Verf.].«[104]

Dieses Beispiel wurde aufgrund der Überschrift so bekannt, doch es ist keineswegs das schlimmste. In anderen geht es um die Frage: »Warum werden Menschen heterosexuell?« Das Ziel: Die Jugendlichen sollen Heterosexualität als Norm infrage stellen.[105] Eine Zeichnung zeigt zwei Männer beim Geschlechtsverkehr auf einer Waschmaschine. Anhand der Spiele sollen die Kinder und Jugendlichen alle möglichen Sexualpraktiken und Orientierungen kennenlernen. Nichts wird ausgespart.

Auch Helmut Kentler, der Übervater der revolutionären Sexualpädagogik, kommt im Buch vor: »Die emanzipatorische Sexualpädagogik propagierte seit ihrer Grundlegung durch Helmut Kentler 1970 eine gesellschaftskritische Befreiung des Menschen aus seiner sexuellen Unmündigkeit.« Die Autoren lassen aber keinen Zweifel daran, wovon sich die Menschen befreien sollen: »Im Gegensatz dazu formierte sich die kirchlich interpretierte Sicht auf Sexualität und begründete eine dementsprechende Sexualpädagogik der Repression und Beschwichtigung.«[106]

Somit wären die Fronten geklärt. Nun, Deutschland ist ein freies Land und jeder darf solche Schriften publizieren. Doch für die Eltern, die gegen diese Art der Vermittlung sexueller Inhalte sind, gibt es keine Freiheit. Sie werden gezwungen, ihre Kinder in Schulen zu schicken, in denen die Gefahr solcher Rollenspiele droht. Die Bildungspläne in Baden-Württemberg, Niedersachsen und Schleswig-Holstein sollen die »Akzeptanz sexueller Vielfalt« vom ersten Grund-schuljahr an als Leitprinzip einführen. Um ein Be-wusstsein für die Existenz dieser Vielfalt zu schaffen, sollen die Kinder nach den Methoden, wie sie in Eli-sabeth Tuiders Buch vorgeschlagen werden, unter-richtet werden.

Auch die »Dekonstruktion« kommt im Buch von Tuider und Timmermanns vor: »Basierend auf dekon-struktivistischen Ansätzen und den Erfahrungen ver-schiedener Emanzipationsbewegungen des 20. Jahr-hunderts wird in den hier zusammengestellten Me-thoden ein streng polares und hierarchisches Denken bezüglich verschiedenster Differenzen auch in der (Sexual-)Pädagogik überwunden, vor allem, weil es die Grundlage für Abwertungen, Demütigungen und Diskriminierungen von Menschen bildet.«[107]

Auch wird hier gar nicht verheimlicht, dass man sich an einem ganz bestimmten Menschenbild ori-entiert und dieses in der Schule vermitteln will. Dies wird aber den Eltern nicht vermittelt. In der öffentli-chen Diskussion um die Bildungspläne wird nicht klar gesagt, dass ein regelrechter Gesinnungsunterricht ge-plant ist.

Wenn die Befürworter dieser Art von Unterricht sich ihrer Sache so sicher wären, könnten sie ja den El-tern freistellen, ob ihre Kinder an diesem Unterricht teilnehmen oder nicht. Oder es würden sich Schulen bilden, die nach diesen »dekonstruktivistischen An-sätzen« den Unterricht ausrichten, andere dagegen nicht. Dann könnten die Eltern wählen, wohin sie ihre Kinder schicken. Doch gerade das sehen die Bildungspläne in Baden-Württemberg, Niedersachsen und Schleswig-Holstein nicht vor: Alle Kinder müssen diesen Gesinnungsunterricht besuchen. Ansonsten werden die Eltern mit Bußgeldern belegt. Im schlimmsten Fall verlieren sie das Sorgerecht für ihre eigenen Kinder.

Wenn die Erziehung zur »Akzeptanz sexueller Vielfalt« so erwünscht wäre, wie die Befürworter das behaupten, würden manche Schulen sogar damit werben, dass bei ihnen LGBT-Themen Schwerpunkt sind. Eltern und Kinder, die solche Themen wichtig finden, könnten sich für solche Schulen entscheiden, während andere lieber christliche, jüdische, muslimische oder sonstige Schulen bevorzugen würden. Doch jeder weiß, dass solche Vorschläge niemals aus dem Mund linksorientierter Politiker kommen werden, denn sie wollen keine Wahlfreiheit, sie wollen Gesellschaftspolitik unter der Fahne des Regenbogens betreiben.

Elisabeth Tuider erntete massive Kritik, als ihre haarsträubenden Praxismethoden bekannt wurden. Doch in anschließenden Interviews war sie weit davon entfernt, irgendein Verständnis für die Einwände zu äußern. Gegenüber dem »Spiegel« sagte sie: »Warum ich als Person in diesen heftigen Shitstorm geraten bin, weiß ich nicht. Genderforschung und Sexualpädagogik kennen das Problem der Diffamierung allerdings schon länger. Bei mir war der scheinbare

Auslöser ein ganz normales wissenschaftliches Buch, das ich schon vor einigen Jahren mit Kollegen herausgegeben habe. Dafür hatten wir Sexualpädagogen im gesamten Bundesgebiet gebeten, uns bewährte Methoden zuzusenden.«

Diese Antwort war selbst dem »Spiegel« zu viel, sodass der Reporter fragte: »In ›Sexualpädagogik der Vielfalt‹ kommen auch Gangbang, Analverkehr und Taschenmuschis vor, es werden Fragen gestellt wie: ›Wo könnte der Penis sonst noch stecken?‹« Völlig ohne Empathie antwortet Tuider: »(...) machen wir uns nichts vor: 70 Prozent der 13-jährigen Jungs und 30 Prozent der Mädchen sehen regelmäßig Pornografie – und haben Fragen dazu. Ob eine Schülergruppe über Prostitution, Oralverkehr oder Schmetterlinge im Bauch reden will, entscheidet sie selbst.« Als der Reporter Tuider auf ihre Würdigung Helmut Kentlers ansprach, der ausdrücklich sexuelle Verhältnisse zwischen Kindern und Erwachsenen befürwortete, antwortet Tuider fast zynisch: »Kentler hat für die Theorie der Sexualerziehung viel getan. Neben seiner wissenschaftlichen Arbeit hat er auch in Kitas und Schulen Elternabende und Lehrerfortbildungen veranstaltet. Ich traue auch anderen Menschen zu, dass sie ein Lebenswerk differenziert beurteilen können.«[108]

An diesen Aussagen wird klar: Die Personen, welche die Lehrbücher schreiben, gehen nach einem vorbestimmten Muster vor und sind völlig von ihrer Ideologie überzeugt. Einwände von anderen

Persönlichkeiten aus dem akademischen Leben oder der Presse, Proteste von Eltern, die 200 000 Unterstützer der Petition ... All das spielt keine Rolle. Kentler, Sielert & Co. verhalten sich wie wahre Fanatiker, für die Kinder nichts anderes sind als ein Laboratorium zum Ausprobieren ihrer exzentrischen Theorien.

Erfreulicherweise gab es auch von höheren Stellen Widerspruch gegen Elisabeth Tuiders Ansichten. So schrieb der unabhängige Missbrauchsbeauftragte der Bundesregierung, Johannes-Wilhelm Rörig: »Sexualpädagogik muss besonders sensibel mit den Grenzen von Intimität und Scham von Schülerinnen und Schülern umgehen. Dieser Leitgedanke sollte für alle von ihr verwendeten Methoden gelten. Hier setzt meine Kritik an dem von Elisabeth Tuider durch ihr Buch ›Sexualpädagogik der Vielfalt‹ zur Diskussion gestellten Ansatz an. Wenn beispielsweise Schülerinnen und Schüler in ihrer Klasse über ihre eigenen sexuellen Erfahrungen sprechen sollen, ist das grenzüberschreitend und nicht akzeptabel.«[109]

Bernd Saur (60 Jahre), Vorsitzender des Philologenverbands Baden-Württemberg, schrieb in einem Beitrag für den »Focus« zum Buch Elisabeth Tuiders: »Für zehn- bis vierzehnjährige Schülerinnen und Schüler – nach dem Gesetz also Kinder – ist der Bereich der Sexualität eine hochsensible, zutiefst private, intime und mit einer natürlichen Schamgrenze geschützte Zone. Diese Übersexualisierung, ja Pornografisierung der Schule entspräche einem Anschlag auf ihr natürliches und überaus schützenswertes Empfinden, einer eklatanten Verletzung der Schamgrenze. Diese erzwungene Entblößung wäre eine staatlich sanktionierte Vergewaltigung der Kinderseele, ein Überstülpen von Neigungen und Fantasien Erwachsener auf Schulkinder.«[110]

Katholische Reaktionen
auf die »Gender-Ideologie«

In den letzten Jahren haben Papst Franziskus, Papst Benedikt XVI., etliche europäische Bischofskonferenzen oder einzelne Bischöfe Hirtenbriefe veröffentlicht, in denen vor den Gefahren der *Gender-Ideologie* gewarnt wird.

Die Spanische Bischofskonferenz veröffentlichte am 26. April 2012 ein sehr langes Hirtenwort, in welchem die Ehe und die eheliche Liebe im Zentrum stehen.[111] Ausführlich wird auf das Apostolische Schreiben von Papst Johannes Paul II. »Familiaris consortio« (das letzte umfassende lehramtliche Dokument der katholischen Kirche über Ehe und Familie, promulgiert am 22. November 1981) und überhaupt auf die katholische Lehre über die Ehe und die Familie eingegangen. Gegen diese Lehre der katholischen Kirche richtet sich *Gender*, so das Schreiben der spanischen Bischöfe. Diese Ideologie widerspricht der göttlichen Schöpfungsordnung (Als Mann und Frau schuf er sie [Gen 1,27]) und zerstört dadurch die Grundlagen für die Bildung von Ehen. Deshalb muss diese »Pseudowissenschaft« abgelehnt werden und stattdessen eine »Kultur der Ehe und der Familie« geschaffen werden.

In seiner Weihnachtsansprache an die Römische Kurie vom 21. Dezember 2012 warnte Papst Benedikt XVI. vor der *Gender-Ideologie*: »›Man wird nicht als Frau geboren, sondern man wird dazu.‹ (…) In diesen Worten ist die Grundlegung dessen gegeben, was man heute unter dem Stichwort *Gender* als neue Philosophie der Geschlechtlichkeit darstellt. Das Geschlecht ist nach dieser Philosophie nicht mehr eine Vorgabe der Natur, die der Mensch annehmen und persönlich mit Sinn erfüllen muss, sondern es ist eine soziale Rolle, über die man selbst entscheidet, während bisher die Gesellschaft darüber entschieden habe. Die tiefe Unwahrheit dieser Theorie und der in ihr liegenden anthropologischen Revolution ist offenkundig.«[112]

Auch Papst Franziskus warnte vor *Gender* als einer Ideologie, die zu Verwirrung und zur Zerstörung der Familie führt. *Gender* sei ein ideologischer Angriff, der Versuch einer ideologischen Kolonisierung anhand einer familienfeindlichen Doktrin.[113]

Der Hirtenbrief der Portugiesischen Bischofskonferenz vom 14. November 2013[114] geht direkt auf die Irrtümer der *Gender-Ideologie* ein und kritisiert die gesetzlichen Maßnahmen, die zur Einführung dieser Ideologie getroffen werden, vor allem die Öffnung des Ehegesetzes für gleichgeschlechtliche Paare.

Im deutschen Sprachraum stieß das Hirtenwort des Churer Bischofs Vitus Huonder auf größere Aufmerksamkeit. In einem knappen Text mit der Überschrift »Gender – Die tiefe Unwahrheit einer Theorie«[115] zeigt er die wichtigsten Gefahren auf, die von der *Gender-Ideologie* ausgehen, ohne detailliert auf die katholische Sexual- und Ehemoral einzugehen. Bischof Huonder benutzt eine pointierte Sprache und kommt direkt zur Sache. Das Ziel des *Genderismus*, wie der Churer Bischof die *Gender-Ideologie* nennt, wird mit folgenden Worten beschrieben: »Das Ziel des *Genderismus* ist, dass jede ›sexuelle Identität‹ als gleichwertig akzeptiert wird. In diesem Sinn geschieht die konkrete gesellschaftliche Durchsetzung dieser Ideologie unter anderem durch das vermeintliche Recht gleichgeschlechtlicher Paare, zu heiraten und Kinder zu adoptieren, oder durch die (Homo-)Sexualisierung der Kinder in Kindergarten und Schule.«

Bischof Huonder verstand sein Hirtenwort als Beitrag zum »Welttag der Menschenrechte« und zeigte auf, dass die Implementierung von *Gender* totalitäre Züge annimmt: »Mit großer Sorge sieht die Kirche, dass in öffentlichen Diskussionen und in den Medien mehr und mehr nur noch die Argumente des *Genderismus* toleriert werden. Wer anders denkt, wird gesellschaftlich ausgegrenzt und muss mit juristischen Sanktionen rechnen. Auf diese Weise werden die Grundrechte des Menschen bezüglich Religion und freier Meinungsäußerung zunehmend beschnitten.«

Im Hirtenwort werden die Gefahren von *Gender* für die Gesellschaft, für die Familie, für die Frau, für den Mann und für die Kinder aufgezählt. Die Klarheit und die Präzision der Aussagen brachte die Feinde

Huonders, vor allem natürlich die LSBTTIQ-Gruppen, in Rage. Gegen ihn tobte eine lange Hetzkampagne.[116] Auch die Polnische Bischofskonferenz warnte in ihrem Hirtenwort[117] vor den totalitären Zügen der *Gender-Ideologie:* »Sollte jemand es in Zukunft wagen, die homosexuelle Propaganda zu beanstanden, wird er sich strafbar machen. Das bedeutet auch eine Bedrohung für das Wirken der katholischen Medien und erlegt eigentlich die Notwendigkeit auf, eine Selbstzensur einzuführen.«

Die Slowakische Bischofskonferenz erklärt in ihrem Hirtenbrief,[118] dass auch die *Gender-Ideologie* zur »Kultur des Todes« gehört. Diesen Begriff hat Papst Johannes Paul II. verwendet, um die Abtreibungsgesellschaft zu beschreiben. Indem die *Gender-Ideologie* die christliche Ehe und Familie frontal angreift, trägt sie zum Tod einer Gesellschaft bei.

Auch die Bischöfe der Kirchenregion Triveneto (im Nordosten Italiens) und der Toskana veröffentlichten Pastoralbriefe gegen die *Gender-Ideologie.*

Trotz unterschiedlicher Gewichtungen und Ausführlichkeit warnen alle hier genannten kirchlichen Stellungnahmen vor den katastrophalen Folgen von *Gender* für die Kinder, die Familie und nicht zuletzt die Gesellschaft. Die Kinder würden einer Frühsexualisierung unterzogen, um ihnen die *Gender-Ideologie* einzutrichtern. Dabei würden sie mit sexuellen Inhalten konfrontiert werden, die keinen Respekt vor der kindlichen Unschuld kennen.

Alle Stellungnahmen sind sich auch einig, dass in grober Art und Weise das Erziehungsrecht der Eltern missachtet wird, was eigentlich eine logische Konsequenz dieser Doktrin ist: Wenn das Geschlecht eine »Konstruktion« ist, dann sind es auch die Ehe und die Familie. Sind diese Institutionen aber willkürliche Fabrikationen, so stehen ihnen auch keine Rechte zu.

Nachwort

Während ich die letzten Sätze dieses Buches schreibe, erreicht mich die Nachricht, dass in Baden-Württemberg die Einführung eines Aktionsplanes »Für Akzeptanz und gleiche Rechte Baden-Württemberg« vorgesehen ist, der alles in den Schatten stellt, was es bislang an Plänen zur Durchsetzung der *Gender-Ideologie* auf politischer Ebene gegeben hat. Die Fülle an Maßnahmen, um die *Gender-Ideologie* in Baden-Württemberg zu etablieren, zeigt: Man strebt den totalen *Gender-Staat* an.

Entsprechend diesem »Aktionsplan« darf niemand von der *Gender-Indoktrination* ausgenommen werden: Medien, Polizisten, Kindergarten-Erzieherinnen, Elternbeiräte, Lehrer, Schülervertreter, Ärzte, Vereine, Verwaltung – in sämtlichen Bereichen des wirtschaftlichen, sozialen und politischen Lebens soll die *Gender-Doktrin* als oberstes Prinzip etabliert werden. Der »Duden« soll auf *Gender-Gerechtigkeit* hin untersucht werden!

Wer sich nicht fügt, soll diskriminiert werden. So sollen Kirchen keine Förderung mehr erhalten, wenn sie nicht bereit sind, die *Gender-Ideologie* einzuführen. Hochschulen, die ein »veraltetes« Menschenbild lehren, sollen weniger oder gar keine Fördermittel erhalten.

Auch die Kindergärten werden in diesen »Aktionsplan« einbezogen. So soll »Vielfalt« in Spielen und Büchern »sichtbar« gemacht werden. »Vielfältige Lebensweisen« sollen in »Orientierungsplänen« erläutert werden. Die Lehrkräfte der Kindergärten sollen besondere Schulungen besuchen. Die Schulbücher sollen komplett überarbeitet werden und *gender-gerecht* gemacht werden.

Das sind nur einige wenige Beispiele. Der »Aktionsplan« lässt keinen einzigen gesellschaftlichen Bereich aus. Eine vollkommene Umgestaltung entsprechend der *Gender-Ideologie* soll stattfinden – verordnet durch die Regierung, ohne Aussprache mit dem Volk.

Was hier beabsichtigt wird, hat schon Volker Zastrow im Jahr 2005 formuliert: »Das Ziel greift hoch hinaus: Es will nicht weniger als den neuen Menschen schaffen, und zwar durch die Zerstörung der ›traditionellen Geschlechtsrollen‹. Schon aus diesem Grunde muss das als Zwangsbegriff verneinte ›Geschlecht‹ durch ›Gender‹ ersetzt werden. Und möglichst schon in der Krippenerziehung soll mit der geistigen Geschlechtsumwandlung begonnen werden.«[119]

Diese *Gender-Revolution* soll auf allen Ebenen etabliert werden. Schon in Kitas und in den Schulen sollen die Kinder entsprechend dieser Doktrin erzogen werden. Sollte dies gelingen, entstünde eine Generation, die mit dem Begriff Ehe nichts mehr anfangen könnte, zumindest in seiner eigentlichen Bedeutung, also als Vereinigung von Mann und Frau. Dann würde sich diese Generation auch nichts unter dem Begriff »Familie« vorstellen können.

Die von der *Gender-Ideologie* vertretene Anthropologie ist dermaßen der christlichen entgegengesetzt, dass eine Vermittlung des christlichen Glaubens nahezu unmöglich gemacht wird, sollte *Gender* tief genug in die Mentalitäten eindringen. Wer an *Gender* glaubt, verschließt sich der christlichen Vorstellung von Gott und seiner Schöpfungsordnung. Gleichzeitig öffnet er sich Religionen wie etwa dem Buddhismus oder der Gnosis, also Religionen, die der Auffassung sind, dass die materielle Welt, so wie wir sie mit den Sinnen erkennen, in Wahrheit ganz anders sei.

Prägt sich die *Gender-Anthropologie* ein, werden sich auch unsere Kultur, unser Alltag, unsere sozialen Beziehungen und unsere Sprache ändern. Unsere Weltanschauung und damit unsere Kultur geht von der Tatsache aus, dass es zwei Geschlechter gibt, die sich gegenseitig ergänzen, vor allem, was die Fortpflanzung angeht.

Aber auch unser Denken wird sich ändern. Die *Gender-Ideologie* ist auch ein Angriff auf die Vernunft, denn sie widerspricht dem »Satz vom Widerspruch«: »Und deshalb ist das erste Grundprinzip jenes, was sich gründet auf den Charakter von ›Sein und Nichtsein‹; dass also über ein und denselben nicht zugleich behauptet werden kann das Sein und das Nichtsein. Auf

diesem Prinzip gründen alle anderen.«[120] Aristoteles'
Version in seiner »Metaphysik«: »Es ist ausgeschlossen, dass ein und dasselbe Prädikat einem und dem-
selben Subjekt zugleich und in derselben Beziehung
zukomme und auch nicht zukomme.«[121]

Dieser Satz ist die Grundlage des Denkens schlechthin. Alle Erkenntnis geht davon aus, dass ein Sein eindeutig bestimmt ist und nicht gleichzeitig etwas anderes sein kann. *Gender* verwischt aber die Grenzen
des Seins. Die *Gender-Ideologie* geht davon aus, das
Sein sei mehrdeutig, undefiniert, nicht wirklich er-
kennbar. Der Mensch, der sich auf *Gender* einlässt, verliert das Vertrauen in die eigene Vernunft und orien-
tiert sich primär nach seinen Gefühlen. Das eigene
Denken wird dann dem Gefühl untergeordnet.

In den Auseinandersetzungen um die Einführung
der *Gender-Ideologie* sehen wir schon die Auswirkun-
gen dieser Verdunkelung der Vernunft: Die Befürworter von *Gender* vertreten ihre Ansichten nicht mit Ar-
gumenten, sondern mit Fanatismus. Ihre Gegner be-
schimpfen sie mit Totschlagbegriffen (homophober
Mob, Rechtspopulisten, Sexisten usw.). Durch Ein-
schüchterungstechniken und Psychoterror wird versucht, jeglichen Widerstand im Keim zu ersticken.

Auf diese Weise ist *Gender* auch ein Angriff auf unsere politische Kultur: *Gender* wird nicht infolge einer
demokratischen Debatte – etwa im Bundestag oder in
den Landesparlamenten – eingeführt, sondern per
Verordnungen (Brüsseler Kommission),[122] [123] durch

»Nacht-und-Nebel-Aktionen«,[124] wie das beim »Bildungsplan 2015« vorgesehen war, in völliger Missachtung und Gleichgültigkeit gegenüber den Einwänden und Protesten von Elterngruppen und sonstigen Familienschutzorganisationen.[125]

Gegenüber der *Gender-Ideologie* dürfen wir nicht passiv oder gleichgültig bleiben. *Gender* ist ein Umerziehungsprogramm für die Kinder, die Familie und die Gesellschaft. *Gender* ist ein Angriff auf unsere Werte und Prinzipien und wir müssen uns dagegen wehren: Eltern sollten mit ihren Kindern sprechen und sie gegen die *Gender-Indoktrinierung,* die sie möglicherweise in den Schulen erhalten werden, impfen. Am besten wäre es natürlich, die Kinder in eine Schule zu schicken, in der es keine *Gender-Erziehung* gibt, doch nicht alle Eltern werden diese Möglichkeit haben. Dann sollten sie in die Schulen gehen und ihre Stimme erheben. Sie dürfen nicht den *Gender-Ideologen* das Feld überlassen. Eltern sollten sich auch zusammenschließen und geeint versuchen, ihre Einflussmöglichkeiten in den Schulen zu erweitern. Der Widerstand gegen *Gender* muss aber auch auf politischem Wege ausgetragen werden. Es ist wichtig, dass viele an den diversen Aktionen gegen *Gender* teilnehmen. Nur eine große gesellschaftliche Mobilisierung wird die Gefahr dieses umfassenden Umerziehungsprogramms endgültig bannen können. Alle Möglichkeiten der Einflussnahme sollten genutzt werden: Postkartenaktionen und Unterschriftensammlungen, Wortmeldungen in Parteiveranstaltungen, Organisation von Vorträgen und sonstigen Informationsveranstaltungen, Leserbriefe usw. Man darf den öffentlichen Raum nicht der *Gender-Ideologie* überlassen.

Anmerkungen

Einleitung

[1] »Mehr Freiheit bei der Wahl der sexuellen Identität«, erschienen am 4. September 2014, in: »Netzwelt.de: Facebook«. Abrufbar unter http://www.netzwelt.de/news/148662-facebook-mehr-freiheit-wahl-sexuellen-identitaet.html.

Was ist »Gender«?

[2] Kirche in Not, Gender-Ideologie – Ein Leitfaden, S. 5.

[3] Miriam Grossman, You're Teaching My Child What?, S. 159.

[4] Judith Butler, Körper von Gewicht, S. 9.

[5] Ein Beispiel dafür ist das sogenannte Gender Gap, also die Zusammenführung der maskulinen mit der femininen Schreibweise. Das »Gender Institut Bremen« beschreibt diese neuartige Rechtschreibung so: »In dieser queer-feministischen Rechtschreibung steht zwischen dem Wortstamm und dem Anhängsel ›innen‹ ein Unterstrich. Der Unterstrich symbolisiert, dass es sich bei einer Personengruppe nicht nur um zwei Geschlechter handelt. Er ist eine symbolische Geschlechter-Lücke (Gender Gap) für alle anderen Geschlechter. Bsp.: Mit Teilnehmer_innen sind somit alle Personen gemeint, die sich weiblich, männlich, trans-, intersexuell oder nicht-ident verorten. Die Unterstrich-Schreibweise kann im Sprechen mit einer Pause oder mit dem Wort ›Unterstrich‹ gekennzeichnet werden.« Abrufbar unter http://www.genderinstitut-bremen.de/glossar/gender-gap.html.

⁶ Gabriele Kuby, Die Gender Revolution, S. 33.

⁷ Stefan Timmermanns, Keine Angst, die beißen nicht! Evaluation schwul-lesbischer Aufklärungsprojekte in Schulen, S. 37.

Die Wurzeln von »Gender«

⁸ Juan-José Pérez-Soba und Stephan Kampowski, Das wahre Evangelium der Familie. Die Unauflöslichkeit der Ehe: Gerechtigkeit und Barmherzigkeit, S. 46.

⁹ Sybille Steinbacher, Wie der Sex nach Deutschland kam, S. 166.

¹⁰ Judith A. Reisman, »Kinseys pädophile und pansexuelle Daten. Ein Einblick«: »Kinsey hielt Pädophile in den USA und im Ausland dazu an, Kinder zu missbrauchen. Er forderte sie dazu auf, Säuglinge und Kinder sexuell zu missbrauchen, weil er dadurch zu seinen Daten über angeblich normale ›Kindersexualität‹ kommen konnte. Insgesamt handelte es sich dabei um zwischen 317 und 2035 Kinder und Säuglinge.«

¹¹ Zu den psychologischen Unterschieden zwischen Männern und Frauen, siehe die beiden Bücher von Louann Brizendine, Das weibliche Gehirn und Das männliche Gehirn. Zu den neurophysiologischen Unterschieden, siehe Manfred Spreng, »Adam und Eva – Die unüberbrückbaren neurophysiologischen Unterschiede«, in: Manfred Spreng et al.: Vergewaltigung der menschlichen Identität: Über die Irrtümer der Gender-Ideologie, S. 29–68.

¹² Volker Zastrow, »Gender Mainstreaming. Der kleine Unterschied«: Entsprechend propagierte Money die »Geschlechtsneuzuweisung« als Therapie für intersexuelle Säuglinge. Das bedeutet zunächst einmal chirurgische Eingriffe, zumeist die Entfernung der Hoden. Moneys Auffassung setzte sich weltweit durch – zumal sonst niemand eine Lösung für das Problem anzubieten hatte, schon gar nicht eine derart einfache. Ungezählte Kinder mit Fehlbildungen der Ge-

schlechtsorgane wurden seither operativ, mit Hormongaben und durch Erziehung zu Mädchen umgebildet.»FAZ. NET« vom 7. September 2006. Abrufbar unter http://www. faz.net/aktuell/politik/gender-mainstreaming-der-kleine-unterschied-1329701.html?printPagedArticle=true#page Index_2.

[13] Herbert Marcuse, Triebstruktur und Gesellschaft, S. 202.

[14] Ebd, S. 17.

[15] Ebd., S. 199.

[16] Carl Djerassi, This Man's Pill. Sex, Kunst und Unsterblichkeit, S. 11.

[17] Papst Paul VI., Enzyklika »Humanae vitae« vom 25. Juli 1968, Punkt 13.

[18] Gabriele Kuby, Die globale sexuelle Revolution, S. 29.

Die »emanzipatorische Sexualerziehung«

[19] Helmut Kentler, Sexualerziehung, S. 36.

[20] Ebd., S. 81.

[21] Helmut Kentler, Von Lust ist nicht die Rede. Die Sexualerziehung festigt die alten Tabus, in:»Die Zeit« vom 7. Februar 1969. Abrufbar unter http://www.zeit.de/1969/06/von-lust-ist-nicht-die-rede.

[22] Christoph Link, »Grüne Jugend gegen Schlussstrich«, in: »Stuttgarter Zeitung«, 13. November 2014. Abrufbar unter http://www.stuttgarter-zeitung.de/inhalt.paedophilen-bericht-gruene-jugend-gegen-schlussstrich.ee8b410e-042d-4259-a8a3-55824 fe466 ff.html.

[23] »Liberalismus: FDP war gegenüber Pädophilen toleranter als bislang bekannt«, in:»SPIEGEL ONLINE« vom 1. September 2013. Abrufbar unter http://www.spiegel.de/politik/deutschland/liberalismus-fdp-war-gegenueber-paedophilen-tolerant-a-919751.html.

[24] Informationen über die Petition unter http://www.bildungsplan2015.de/

25 Um nur ein Beispiel zu geben: Mathias von Gersdorff,»Grüne Jugend nennt Gegner des Bildungsplans 2015 ›homophoben Schlossplatz-Mob‹.« Abrufbar unter http://www.freie welt.net/gruene-jugend-nennt-gegner-des-bildungsplans-2015-homophoben-schlossplatz-mob-10026827/
26 Zum Beispiel Birgit Kelle,»Müssen Kinder alles wissen?«, in:»FOCUS Online«, 27. Januar 2014. Abrufbar unter http://www.focus.de/familie/schule/unterricht/report-muessen-kinder-alles-wissen_id_3552105.html.
27 »SPIEGEL ONLINE« vom 10. Oktober 2014,»Sexuelle Vielfalt im Lehrplan: Grün-Rot schmettert Homo-Gegner ab.« Abrufbar unter http://spiegel.de/schulspiegel/wissen/bildungsplan-baden-wuerttemberg-gruen-rot-lehnt-staenglepetition-ab-a-996554.html.
28 Abrufbar unter http://www.baden-wuerttemberg.de/de/regierung/landesregierung/koalitionsvertrag/
29 Christa Meves, Manipulierte Maßlosigkeit, S. 114.

Wie ist die »Gender-Ideologie« entstanden?

30 Simone de Beauvoir, Das andere Geschlecht,. S. 265.
31 Jean Paul Sartre, Ist der Existenzialismus ein Humanismus?, S. 14.
32 Karl Simpfendörfer, Verlust der Liebe, S. 80.
33 Shulamith Firestone, Frauenbefreiung und sexuelle Revolution, S. 10.
34 Ebd., S. 17.
35 Judith Butler, Das Unbehagen der Geschlechter, S. 10.
36 Ebd., S. 25.
37 »Überwindung der Zweigeschlechtigkeit«, 8. Forderung der Queeren Resolution 2013 der GRÜNEN JUGEND. Abrufbar unter http://www.gruene-jugend.de/node/17421.
38 Hildegard Stausberg,»Hurra! Viele neue Jobs durch Gender-Terror«, in:»Die Welt«, gedruckte Ausgabe vom 16. März 2015, in:»Die Welt Online« vom 15. März 2016. Abrufbar

unter http://www.welt.de/debatte/kolumnen/die-strenge-stausberg/article138434594/Hurra-Viele-neue-Jobs-durch-Gender-Terror.html.

[39] Vgl. hierzu Michel Dorais, Éloge de la diversité sexuelle, S. 17–18.

[40] John Rist, »Scheidung und Wiederverheiratung in der Früh-kirche: historische und kulturelle Betrachtungen«, in: Robert Dodaro (Hrsg.), In der Wahrheit Christi bleiben, S. 55, 56.

[41] Rolf Eickelpasch, Claudia Rademacher, Identität, S. 12.

[42] Ebd., S. 95, 96.

[43] Írisz Sipos, »Gottes Schöpfungsplan steckt uns in den Knochen«, in: Dominik Klenk (Hg.), Gender Mainstreaming, S. 90, 91.

[44] Geshe Kelsang Gyatso, Einführung in den Buddhismus, S. 136.

[45] Vgl. Marcelo Sarlingo, »Identidad de especie. ¿Nociónomniabarcativa o categoría?«. Publicación electrónica de la Facultad de Ciencias Sociales de la Universidad Nacional del Centro de la Provincia de Buenos Aires, Argentina 2001.

[46] Vgl. Julio Loredo, Teologia della Liberazione, S. 377 ff.

[47] Senatssitzung vom 21. Januar 2014. Abrufbar unter http://www.senado.cl/appsenado/index.php?mo=sesionessala&ac=getDocumento&teseid=48415&nrobol=892407_P&tema=Proyecto&legiid=&parl_ini=8&tagid=15.

Kulturelle Rahmenbedingungen für das Entstehen der
»Gender-Ideologie«

[48] In »BRAVO, Sex und Zärtlichkeit«, Kapitel »BRAVO – Aufklärung im Wandel der Zeit«, findet man eine chronologische Abfolge von Bildern und Texten, die dies veranschaulichen, in: Joachim H. Knoll, Elke Monssen-Engberding, Godesberg 2000. Viele Beispiele finden sich auch in: Mathias von Gersdorff, »Bravo – Massaker der Kindheit«.

49 Mathias von Gersdorff,»Im Kampf um Popularität werden Pop-Musiker immer pornografischer«. Abrufbar unter http://kultur-und-medien-online.blogspot.de/2015/02/im-kampf-um-popularitat-werden-pop.html.

50 Viele Informationen hierzu unter: http://kultur-und-medien-online.blogspot.de/search/label/Pop-Kultur.

51 Martin Voigt,»Aufklärung oder Anleitung zum Sex?«, in:»FAZ.NET« vom 22. Oktober 2014. Abrufbar unter http://www.faz.net/aktuell/politik/inland/lehrplaene-aufklaerung-oder-anleitung-zum-sex-13223950.html.

52 Birgit Kelle,»›Puff für alle‹ als pädagogisches Stilmittel«, in:»The European« vom 21. März 2014. Abrufbar unter http://www.theeuropean.de/birgit-kelle/8250-sexualunterricht-dildos-leder-und-vaginalkugeln.

53 Sybille Steinbacher, Wie der Sex nach Deutschland kam, S. 110.

54 Hirtenwort von Kardinal Frings gegen den Spielfilm»Die Sünderin« vom 28. Februar 1951. Abrufbar unter http://germanhistorydocs.ghi-dc.org/pdf/deu/Vol. 8_Chap. 23_Doc.06_GER.pdf.

55 »Homosexualität als Sünde darzustellen, ist verletzend«, in:»Nordwest Zeitung Online« vom 21. Februar 2012. Abrufbar unter http://www.nwzonline.de/interview/homosexualitaet-als-suende-darzustellen-ist-verletzend_a_24,0,1242641575.html.

56 Große Aufmerksamkeit erhielt er für sein Interview mit der US-amerikanischen Jesuitenzeitschrift»America«. Dieses Interview wird zusammengefasst und kommentiert von Mathias von Gersdorff,»Wie Kardinal Marx sich eine Kirche von morgen vorstellt«, in:»Junge Freiheit Online«, 3. Februar 2015. Abrufbar unter http://jungefreiheit.de/kolumne/2015/wie-kardinal-marx-sich-eine-kirche-von-morgen-vorstellt/

57 Mathias von Gersdorff,»Linkskatholiken planen Sturm auf die Familiensynode«, in:»Junge Freiheit Online«, 20. Januar

2015. Abrufbar unter http://jungefreiheit.de/kolumne/
2015/linkskatholiken-planen-sturm-auf-die-familiensynode/

58 Konrad Hilpert, »Ehe für alle?«, in: Leitbild am Ende? Der
Streit um Ehe und Familie, S. 224.

59 Ebd., S. 225.

60 Hermann Häring, Keine Christen zweiter Klasse!, S. 91.

61 KjG, Erste allgemeine Verunsicherung – Sexualpädagogik
in der KjG, Düsseldorf 2011, S. 5.

62 Pressemeldung der Deutschen Bischofskonferenz vom
12. November 2013: Preisverleihung Wettbewerb »jungenwelten« am 19. November 2013. Abrufbar unter http://
www.dbk.de/presse/details/?suchbegriff=kjg&presseid=24
32&cHash=ef61bdf89bca5831394386 f.7 fe05bcd0.

63 Grundsatzpapier »Gender Mainstreaming, ein neuer Impuls für den BDKJ«. Abrufbar unter http://www.bdkj.de/
fileadmin/redakteur/Dokumente/referat_frauen/2002-
gender-mainstreaming.pdf.

64 Positionspaper »Unsere Kirche« des BDKJ in der Erzdiözese Freiburg aus dem Jahr 2012.

65 BDKJ, »Respekt und Toleranz in der Schule stärken«.
Abrufbar unter http://mo-bu.kja-freiburg.de/html/aktuell/
aktuell_u.html?&m=46545&artikel=29937&cataktuell=
2338.

66 Pressemitteilung des BDKJ der Diözese Rottenburg-Stuttgart, »Verschieden aber gleichwertig«. Abrufbar unter
http://www.bdkj.info/fileadmin/BDKJ/Download-Dateien_
Text/Pressemitteilungen/2014/PM_BDKJ_-_Verschieden_
aber_gleichwertig.pdf.

67 Caritas-Aufsichtsgremien, »Mehr Gender-Strategie tut
gut«. Abrufbar unter http://www.caritas.de/neue-caritas/
heftarchiv/jahrgang2013/artikel/mehr-gender-strategie-tut-
gut.

68 »Die Gender-Beauftragte der Caritas«. Abrufbar unter
http://www.caritas.de/fuerprofis/fachthemen/caritas/die-
gender-beauftragte-der-caritas.

[69] Caritas-Diözesanverband Erzbistum Köln, »Gender in der Kita«. Abrufbar unter http://caritas.erzbistum-koeln.de/maik/gender/

[70] Auf der Internetseite der EKD, http://www.ekd.de/default.html, findet man eine umfangreiche Dokumentensammlung.

[71] Eine besonders detaillierte Beschreibung findet man in Johannes Rogalla von Bieberstein, »Die evangelische Kirche als Gender-Laboratorium«, in: Schwulenkult und feministischer Geschlechterkampf ..., S. 39 ff.

[72] Beschluss der 10. Synode der Evangelischen Kirche in Deutschland zur Gender-Gerechtigkeit und mittelfristigen Finanzplanung.

[73] Vgl. Andreas Späth/Kurt Heinz, in: Andreas Späth (Hrsg.), ... und schuf sie als Mann und Frau, S. 17, oder »Offensive junge Christen: Bewusst weit gewählt«. Abrufbar unter http://www.ojc.de/index.php?id=305.

[74] »Ordnung des Studienzentrums für Genderfragen in Kirche und Theologie«. Abrufbar unter http://www.kirchenrecht-ekd.de/showdocument/id/27967.

[75] »Aufgabenbereiche des Studienzentrums der EKD für Genderfragen«. Abrufbar unter http://www.fsbz.de/aufgaben bereiche/Gender_und_Bibel/darstellung_fem-th.php.

[76] Zuletzt die Badische Landeskirche, »Kirche für Gleichstellung sexueller Orientierungen«, IDEA-Meldung vom 20. März 2015. Abrufbar unter http://www.idea.de/frei-kirchen/detail/kirche-fuer-gleichstellung-sexueller-orientierungen-90058.html.

[77] Zur Metamorphose der Befreiungstheologie in viele Unterkategorien, vgl. Julio Loredo, Teologia della Liberazione, S. 368 ff.

[78] Die Instruktion »Libertatis Nuntius« vom 6. August 1984 ist abrufbar auf der Internetseite des Vatikans unter http://www.vatican.va/roman_curia/congregations/cfaith/documents/rc_con_cfaith_doc_19840806_theology-liberation_ge.html.

[79] »Ordinatio sacerdotalis« auf der Internetseite des Vatikans. Abrufbar unter http://w2.vatican.va/content/john-paul-ii/de/apost_letters/1994/documents/hf_jp-ii_apl_22051994_ordinatio-sacerdotalis.html.

[80] Vgl. Juan Antonio Montes, Desde la Teología de la liberación a la Teología eco-feminista, Santiago de Chile 2011.

[81] Juan Antonio Montes, Desde la Teología de la liberación a la Teología eco-feminista, S. 157 ff.

[82] Auf diese Metamorphose der Befreiungstheologie bis hin zu einer Art »Gender-Theologie« macht Joseph Kardinal Ratzinger in »Salz der Erde« aufmerksam: »Inzwischen hat sich die Befreiungsidee (...) sehr stark auch mit der feministischen Ideologie verschmolzen. Die Frau gilt nun als das eigentlich unterdrückte Wesen; daher sei die Befreiung der Frau der Kern jeder Befreiungstätigkeit. Hier hat man gleichsam die politische Befreiungstheologie durch eine anthropologische überholt. Dabei ist nicht bloß an die Befreiung von Rollenzwängen gedacht, sondern letztlich wird eine Befreiung von der biologischen Bedingtheit des Menschen anvisiert. Man unterscheidet nun das biologische Phänomen Sexualität von dessen historischen Ausformungen, die man ›gender‹ nennt. (...) Es darf gar keine Aussage der ›Natur‹ mehr geben; der Mensch soll sich beliebig modellieren können ...«, S. 142.

[83] Diese theologischen Richtungen sind nicht ganz neu. Der Kanadier Guy Ménard veröffentlichte im Jahr 1980 mit »De Sodome à l'exode. Jalons pour une théologie de la libération gaie« eine Art Plädoyer für die Emanzipation der Homosexuellen. Der US-Amerikaner Robert Goss publizierte im Jahr 1993 »Jesus ACTED UP: A Gay and Lesbian Manifesto«, wohl die einflussreichste befreiungstheologische Schrift der Queer-Theologie der letzten Jahrzehnte. Im Zuge des Erstarkens der Homosexuellen-Bewegung seit den 1990er-Jahren ist auch die Zahl der Publikationen angestiegen. Vgl. Julio Loredo, Teologia della Liberazione, S. 377 ff.

84 Zur Abkürzung LSBTI: Da immer mehr Gruppen von Menschen mit unterschiedlichen »sexuellen Orientierungen« entstehen und eigentlich in diese Abkürzung hineinkommen müssten, hat man sich inzwischen auf die Abkürzung LSBTIQ geeinigt. Der Buchstabe Q bezeichnet die »Sonstigen«.

85 Klima der Angst – Gespräch der »Jungen Freiheit« mit Mathias von Gersdorff über die Homosexuellen-Lobby, in: »Junge Freiheit« vom 14. Januar 2011. Abrufbar unter http:// jungefreiheit.de/service/archiv/?www.jf-archiv.de/archiv11/201103011410.htm.

86 In diesem Zusammenhang ist die Reaktion der Partei »Bündnis 90/Die Grünen« auf die Veröffentlichung der Studie von Franz Walter über die pädophilen Strömungen der Grünen in der Vergangenheit interessant: »Die Grünen und die Pädosexualität: Eine bundesdeutsche Geschichte«. Diese Partei zeigte zwar große Reue und bedauerte, dass sie Pädophilen eine politische Heimat geboten hatte, doch gleichzeitig hatte sie keine Probleme, Sexualität als politisches Instrument zu missbrauchen und die Frühsexualisierung der Kinder samt einer irrsinnigen Dekonstruktion der Geschlechterrollen energisch voranzutreiben. Vgl. hierzu: Mathias von Gersdorff, »Ehrliche Reue?«, in: »Junge Freiheit Online« vom 25. November 2014. Abrufbar unter http://jungefreiheit.de/kolumne/2014/ehrliche-reue/

»Gender« in der Pädagogik

87 LIZA (Liebe in Zeiten von AIDS), S. 159.
88 Genderpädagogik Baden-Württemberg: Dekonstruktion, Januar 2012. Abrufbar unter http://www.gender-bw.de/fachpositionen/dekonstruktion.html.
89 Arbeitshilfe »Gleichstellung beginnt im Kindergarten«, S. 7.
90 Ebd., S. 28.

[91] Ebd., S. 22.

[92] Wolfgang Brezinka, »Die Pädagogik der Neuen Linken«, S. 72.

[93] Ebd., S. 183.

[94] Ebd., S. 154–155.

[95] Helga Bilden, Die Grenzen von Geschlecht überschreiten, S. 137.

[96] Jutta Hartmann, Vielfältige Lebensweisen, S. 20.

Die Implementierung von Gender in den Schulen

[97] Antrag »Für einen Nationalen Aktionsplan gegen Homophobie« (Deutscher Bundestag, Drucksache 16/13394), S. 2.

[98] Antje Schmelcher, »Unter dem Deckmantel der Vielfalt«, in: »FAZ.NET« vom 14. Oktober 2014. Abrufbar unter http://www.faz.net/aktuell/politik/inland/experten-warnen-vor-zu-frueher-aufklaerung-von-kindern-13203307.html.

[99] Uwe Sielert, Einführung in die Sexualpädagogik, S. 98, 99.

[100] Stefan Timmermanns, Keine Angst, die beißen nicht!, S. 5.

[101] Ebd., S. 36, 37.

[102] Ebd., S. 37.

[103] Kurzbiografie aus der Internetseite der Universität Kassel. Abrufbar unter http://www.uni-kassel.de/fb05/fachgruppen/soziologie/soziologie-der-diversitaet/prof-dr-elisabeth-tuider/zur-person.html.

[104] Christian Weber, »Was Sie noch nie über Sex wissen wollten«, in: »Süddeutsche Zeitung« vom 24. April 2014, S. 9.

[105] Stefan Timmermanns, Elisabeth Tuider, Sexualpädagogik der Vielfalt, S. 97.

[106] Ebd., S. 15.

[107] Ebd., S. 16.

[108] Lena Greiner und Alexander Demling, Streit über Sexualkunde: »Jugendliche gucken doch eh Pornos«, Interview mit Elisabeth Tuider, in: »SPIEGEL ONLINE« vom 13. No-

vember 2014. Abrufbar unter http://www.spiegel.de/
schulspiegel/sex-aufklaerung-forscherin-tuider-ueber-
streit-um-sexuelle-vielfalt-a-1001437.html.

[109] Johannes-Wilhelm Rörig, »Sexualpädagogik hat Grenzen«,
in: »taz.de« vom 16. Februar 2015. Abrufbar unter http://
www.taz.de/!154514/

[110] Bernd Saur, »Schamlos im Klassenzimmer«, in: »FOCUS
Online«, 23. Oktober 2014. Abrufbar unter http://www.
focus.de/familie/schule/ein-kommentar-von-bernd-saur-
schamlos-im-klassenzimmer_id_4212076.html.

Katholische Reaktionen auf die »Gender-Ideologie«

[111] Conferencia Episcopal Española, »La verdad del amor
humano. Orientaciones sobre el amor conyugal, la ideolo-
gía de género y la legislación familiar«. Abrufbar unter
http://www.conferenciaepiscopal.es/index.php/
documentos-plenaria/2843-la-verdad-del-amor-humano-
orientaciones-sobre-el-amor-conyugal-la-ideologia-de-
genero-y-la-legislacion-familiar.html.

[112] Ansprache von Benedikt XVI. beim Weihnachtsempfang
an das Kardinalskollegium, die Mitglieder der Römischen
Kurie und der Päpstlichen Familie am 21. Dezember 2012.
Abrufbar unter http://w2.vatican.va/content/benedict-xvi/
de/speeches/2012/december/documents/hf_ben-xvi_spe_
20121221_auguri-curia.html.

[113] Papst Franziskus, Begegnung mit den Jugendlichen am
21. März 2015 beim Pastoralbesuch in Pompeji. Das italie-
nische Originaldokument ist abrufbar unter http://w2.
vatican.va/content/francesco/de/travels/2015/inside/
documents/papa-francesco-pompei-napoli_2015.html.

[114] Hirtenbrief der Portugiesischen Bischofskonferenz, »A
propósito da ideologia do género« (in Bezug auf die
Gender-Ideologie), http://www.agencia.ecclesia.pt/noticias/
documentos/a-proposito-da-ideologia-do-genero/

[115] Wort des Bischofs Vitus Huonder, »Gender – Die tiefe Unwahrheit einer Theorie«, 10. Dezember 2013. Abrufbar unter http://www.bistum-chur.ch/startseite/gender-die-tiefe-unwahrheit-einer-theorie-wort-des-bischofs-zum-tag-der-menschenrechte-vom-10-dezember-2013-2/

[116] Bischof Huonder erntet Sturm für schlicht katholische Positionen, kath.net vom 9. Dezember 2013. Abrufbar unter http://kath.net/news/44051.

[117] Hirtenbrief der polnischen Bischöfe zum Fest der Heiligen Familie am 29. Dezember 2013. Original abrufbar unter http://episkopat.pl/dokumenty/listy_pasterskie/5545.1,List_pasterski_na_Niedziele_Swietej_Rodziny_2013_roku.html. Dort wird zu einer Übersetzung ins Englische verlinkt. Die deutschen Zitate entstammen von der Übersetzung von P. Pawel Leks SCJ. Abrufbar unter http://www.freundeskreis-maria-goretti.de/fmg/menu4/42.111BI.html.

[118] Hirtenbrief der Slowakischen Bischofskonferenz vom 5. Dezember 2013 zum ersten Adventssonntag 2013. Abrufbar unter www.kbs.sk/obsah/sekcia/h/dokumenty-a-vyhlasenia/p/pastierske-listy-konferencie-biskupov-slovenska/c/pastiersky-list-na-prvu-adventnu-nedelu-2013.

[119] Volker Zastrow, Gender, S. 19.

[120] Heiliger Thomas von Aquin, Summe der Theologie, I^a-IIae q. 94 a. 2 co., entnommen aus »Bibliothek der Kirchenväter«. Abrufbar unter http://www.unifr.ch/bkv/summa/kapitel215-2.htm.

[121] Ebd.

[122] »GenderKompetenzZentrum« der Humboldt-Universität zu Berlin, Geschichte von GM international und EU, »In der Mitteilung der Europäischen Kommission vom 21. Februar 1996 ›Einbindung der Chancengleichheit in sämtliche politischen Konzepte und Maßnahmen der Gemeinschaft‹ verpflichtet sich die EU zur Strategie Gender-Mainstreaming. Laut der Europäischen Kommission bedeutet Gender-Mainstreaming, »dass in allen Phasen des

politischen Prozesses – Planung, Durchführung, Monito-
ring und Evaluation – der Geschlechterperspektive Rech-
nung getragen wird.« Abrufbar unter http://www.
genderkompetenz.info/genderkompetenz-2003-2010/
gendermainstreaming/Grundlagen/geschichten/
international/index.html/

[123] Harald Seubert, Professor für Philosophie und Religions-
wissenschaft, schreibt:»Selten – von der totalitären Ideologie des Kommunismus abgesehen – ist ein akademisches
Konzept derart unmittelbar politisch wirksam geworden.
Auch wenn man heute wissen kann, was als ›Top-down-
Strategie‹ geschieht, bleibt der Gender-Begriff schwer fass-
lich«, aus:»Gender-Mainstreaming oder: Lasst uns einen
neuen Menschen machen«, in: Manfred Spreng et al., Vergewaltigung der menschlichen Identität, S. 73.

[124] Barbara Rosenkranz, MenschInnen, S. 95:»Die Initiatoren
und Protagonisten des Gender Mainstreaming setzen ganz
bewusst darauf, ihre Ziele durchzubringen, ohne von der
Bevölkerung ›gestört‹ zu werden: Gender Mainstreaming
wird als ›hidden-agenda‹ im ›Top-down-Prinzip‹ durch-
gepeitscht – deutsche Ausdrücke für dieses Vorgehen werden nicht verwendet.«

[125] Über den Einfluss von LSBTIQ-Organisationen auf die Er-
stellung des »Bildungsplanes 2015«, vgl. Mathias von Gersdorff,»Wie groß ist der Einfluss der LSBTTIQ-Gruppen auf
Winfried Kretschmann?«, in:»Freie Welt« vom 10. April 2014.
Abrufbar unter http://www.freiewelt.net/wie-gross-ist-
der-einfluss-der-lsbttiq-gruppen-auf-winfried-kretschmann-
10029616/

Literatur

Bayerisches Staatsministerium für Unterricht und Kultus, Bayerisches Staatsministerium für Umwelt Gesundheit und Verbraucherschutz, LIZA (Liebe in Zeiten von AIDS), München 2004.

Simone de Beauvoir, Das andere Geschlecht. Sitte und Sexus der Frau, Reinbek 1951.

Helga Bilden, »Die Grenzen von Geschlecht überschreiten«, in: Anja Tervooren (Hrsg.), Dekonstruktive Pädagogik, Opladen 2001.

Wolfgang Brezinka, Die Pädagogik der Neuen Linken, München/Basel, 5. Aufl. 1980.

Louann Brizendine, Das männliche Gehirn: Warum Männer anders sind als Frauen, München 2011.

Louann Brizendine, Das weibliche Gehirn, München 2008.

Judith Butler, Das Unbehagen der Geschlechter, Frankfurt am Main 1991.

Judith Butler, Körper von Gewicht, Frankfurt am Main 1997.

Michel Dorais, Éloge de la diversité sexuelle, Montréal, Kanada 1999.

Carl Djerassi, This Man's Pill. Sex, Kunst und Unsterblichkeit, Innsbruck 2001.

Rolf Eickelpasch, Claudia Rademacher, Identität, Bielefeld, 4. Aufl. 2013.

Shulamith Firestone, Frauenbefreiung und sexuelle Revolution, Frankfurt am Main 1970.

Mathias von Gersdorff, Bravo – Massaker der Kindheit, Frankfurt am Main 1999.

Mathias von Gersdorff, Die Sexuelle Revolution erreicht die Kinder, Frankfurt am Main 2005.

Mathias von Gersdorff, Sexualisierung der Kindheit. Wie Kinder durch Politik, Pop-Kultur, Werbung und Medien manipuliert werden, Frankfurt am Main 2012.

Mathias von Gersdorff (Hrsg.), Ehe und Familie im Sperrfeuer revolutionärer Angriffe, Frankfurt am Main 2014.

Miriam Grossman, You're Teaching My Child What? A Physician Exposes the Lies of Sex Education and How They Harm Your Child, Washington DC 2009.

Geshe Kelsang Gyatso, Einführung in den Buddhismus, Zürich, 3. überarbeitete Auflage 2007.

Hermann Häring, Keine Christen zweiter Klasse. Wiederverheiratete Geschiedene – Ein theologischer Zwischenruf, Freiburg i. Br. 2014.

Jutta Hartmann, Vielfältige Lebensweisen. Dynamisierungen in der Triade Geschlecht – Sexualität – Lebensform. Kritisch-dekonstruktive Perspektiven für die Pädagogik, Opladen 2002.

Konrad Hilpert, Bernhard Laux, Leitbild am Ende? Der Streit um Ehe und Familie, Freiburg i. Br. 2014.

Katholische junge Gemeinde (KjG), Erste allgemeine
Verunsicherung – Sexualpädagogik in der KjG, Düsseldorf 2011.

Birgit Kelle, Gender Gaga: Wie eine absurde Ideologie unseren Alltag erobern will, Aßlar 2015.

Helmut Kentler, Sexualerziehung, Reinbek 1970.

Alfred C. Kinsey, Kinsey Report. Das sexuelle Verhalten des Mannes, Frankfurt am Main 1966.

Kirche in Not, Gender-Ideologie – Ein Leitfaden, München 2014.

Dominik Klenk (Hrsg.), Gender Mainstreaming: Das
Ende von Mann und Frau?, Gießen, 2. Auflage 2015.

Joachim H. Knoll, Elke Monssen-Engberding, BRAVO,
Sex und Zärtlichkeit. Medienwissenschaftler und
Medienmacher über ein Stück Jugendkultur, Bonn
2000.

Gabriele Kuby, Die Gender Revolution: Relativismus
in Aktion, Kißlegg, 2. Aufl. 2007.

Gabriele Kuby, Die globale sexuelle Revolution. Zerstörung der Freiheit im Namen der Freiheit, Kißlegg
2012.

Julio Loredo, Teologia della Liberazione. Un salvagen-
te di piombo per i poveri, Siena 2014.

Herbert Marcuse, Triebstruktur und Gesellschaft,
Frankfurt am Main 1971.

Christa Meves, Manipulierte Maßlosigkeit, Freiburg
im Breisgau 1971.

Ministerium für Arbeit und Sozialordnung, Familien
und Senioren Baden-Württemberg, »Gleichstellung

beginnt im Kindergarten«. Eine Arbeitshilfe zur Umsetzung von Gender Mainstreaming in Kindertageseinrichtungen, Stuttgart 2013.

Juan Antonio Montes, Desde la Teología de la liberación a la Teología eco-feminista, Santiago de Chile 2011.

Papst Paul VI., Enzyklika »Humanae vitae« vom 25. Juli 1968.

Juan-José Pérez-Soba und Stephan Kampowski, Das wahre Evangelium der Familie. Die Unauflöslichkeit der Ehe: Gerechtigkeit und Barmherzigkeit, Illertissen 2014.

Joseph Kardinal Ratzinger, Salz der Erde. Christentum und katholische Kirche im neuen Jahrtausend. Ein Gespräch mit Peter Seewald, München, 6. Auflage 2004.

Wilhelm Reich, Die sexuelle Revolution, Frankfurt am Main 1971.

Judith A. Reisman, Kinseys pädophile und pansexuelle Daten. Ein Einblick. Aus dem Englischen ins Deutsche übersetzt vom »Deutschen Institut für Jugend und Gesellschaft«.

Johannes Rogalla von Bieberstein, Schwulenkult und feministischer Geschlechterkampf: Wie der »sex-positive« Geschlechterkrieg Kirche und Gesellschaft verändert, Graz 2015.

Barbara Rosenkranz, MenschInnen, Gender Mainstreaming – Auf dem Weg zum geschlechtslosen Menschen, Graz 2008.

Jean Paul Sartre, Ist der Existentialismus ein Humanismus?, Zürich 1947.

Uwe Sielert, Einführung in die Sexualpädagogik, Weinheim 2005.

Karl Simpfendörfer, Verlust der Liebe: Mit Simone de Beauvoir in die Abtreibungsgesellschaft, Stein am Rhein 1990.

Andreas Späth (Hrsg.), … und schuf sie als Mann und Frau. Kirche in der Zerreißprobe zwischen Homosexuellen-Lobby und Heiliger Schrift, Ansbach 2011.

Manfred Spreng, Harald Seubert und Andreas Späth, Vergewaltigung der menschlichen Identität: Über die Irrtümer der Gender-Ideologie, Ansbach 2. Aufl. 2012.

Sybille Steinbacher, Wie der Sex nach Deutschland kam: Der Kampf um Sittlichkeit und Anstand in der frühen Bundesrepublik, München 2011.

Stefan Timmermanns, Keine Angst, die beißen nicht! Evaluation schwul-lesbischer Aufklärungsprojekte in Schulen, Norderstedt 2003.

Stefan Timmermanns, Elisabeth Tuider, Sexualpädagogik der Vielfalt: Praxismethoden zu Identitäten, Beziehungen, Körper und Prävention für Schule und Jugendarbeit, Weinheim 2008.

Paula-Irene Villa, »Post-Ismen, Geschlecht in Postmoderne und (De)Konstruktion«, in: Wilz, Sylvia Marlene (Hrsg.) (2008), Geschlechterdifferenzen – Geschlechterdifferenzierungen. Ein Überblick über gesellschaftliche Entwicklungen und theoretische Positionen, Wiesbaden, 199–229.

Christian Weber, Was Sie noch nie über Sex wissen wollten, »Süddeutsche Zeitung« vom 24. April 2014.

Volker Zastrow, Gender – Politische Geschlechtsumwandlung, Waltrop und Leipzig 2006.